学术顾问：李学勤

罗哲文　俞伟超　曾宪通　彭卿云

朱学兴盛的时期

中华文明是人类历史上最伟大的文明之一，是人类文明发展的主要构成。中华文明丰富、深刻、辉煌、博大，在人类文明中的骨干作用和领导作用人所共知。在人类文明的发源时期，中华文明就是四大古文明之一，是地球上文化的策源地之一。

李　默／主编

广东旅游出版社
GUANGDONG TRAVEL & TOURISM PRESS
悦读书·悦旅行·悦享人生

中国·广州

图书在版编目（CIP）数据

朱学兴盛的时期 / 李默主编 . — 广州 : 广东旅游
出版社 , 2013.1（2024.8 重印）
ISBN 978−7−80766−435−2

Ⅰ . ①朱… Ⅱ . ①李… Ⅲ . ①理学－研究－中国－南
宋 Ⅳ . ① B244.05

中国版本图书馆 CIP 数据核字 (2012) 第 268042 号

出 版 人：刘志松
总 策 划：李　默
责任编辑：张晶晶　黎　娜
装帧设计：盛世书香工作室　腾飞文化
责任校对：李瑞苑
责任技编：冼志良

朱学兴盛的时期
ZHU XUE XING SHENG DE SHI QI

广东旅游出版社出版发行
（广东省广州市荔湾区沙面北街 71 号首、二层）
邮编：510130
电话：020-87347732（总编室）020-87348887（销售热线）
投稿邮箱：2026542779@qq.com
印刷：三河市嵩川印刷有限公司
　　　（河北省廊坊市三河市杨庄镇肖庄子村）
开本：650×920mm　16 开
字数：105 千字
印张：10
版次：2013 年 1 月第 1 版
印次：2024 年 8 月第 3 次印刷
定价：45.80 元

出版者识

　　《话说中华文明》是一部全景式图文并茂记录中国文明历史的大书。出版者穷数年之力，会集各方力量——专家、学者、编辑、学术顾问们，在浩如烟海的历史档案、资料、著作中，探珍问宝，追寻中华文明在悠悠历史长河中的灿烂之光。此书的出版，凝聚了编撰者的心血，学术顾问们的智慧。尤其是李学勤先生，亲自动笔写下了序言，更增加了本书沉甸甸的分量。

　　中华文明的历史充满了辉煌与苦难，成就和挫折。它的历史无处不在，决定着我们中国人今天的思想和感情。当今的中国和中国人是中华文明的历史造就的，是中华文明的历史的延伸，也是它的一个组成部分，中华文明的历史之河奔流到现在。

　　中华文明是人类历史上最伟大的文明之一，是人类文明发展的主要构成。中华文明丰富、深刻、辉煌、博大，在人类文明中的骨干作用和领导作用人所共知。在人类文明的发源时期，中国就是四大古国之一，是地球上文化的策源地之一。在人类文明的早期，中华文明成为文明在东方的支柱，公元前后200年间，人类的汉帝国与罗马帝国这两只铁手攫住了地球。在欧洲进入中世纪的时候，中华文明更成为人类文明最主要的领导，它的文明统治东亚，传遍世界。进入近代，中华文明处于自身的重压和西方的欺凌下，但中国人民的斗争史和奋起精神是人类文明历史中不可缺少的一页。

　　五千年的中华文明为人类贡献出了从思想家孔子到科学技术的四大发明、从唐诗宋词到长城运河的伟大创造，贡献出了从诸子百家到宋明理学，从商周铜器到明清文学的深刻内涵，也贡献出了从五霸七强到三国纷争、从文景之治到十大武功的辉煌历史。中华文明的历史绚烂多彩，在人类文明的历史长河中永放光芒。

　　中华文明也是人类历史上最独特的文明，没有哪一个文明像中华文明这样持久，这样统一一致。世界上其他文明不但互相交错，其创造者也都与高加索体质的人种有关，它们是姐妹文明。在人类历史中，只有中华文明才是独特的，它的创造者是中国土地上的中国人民，与其他任何地方的人民都没有关系，它的文化是统一一致的文化，可以不依赖于其他任何文明而生存，但中华文明也绝不是封闭的，它接受他人的文化，也承担自己对于人类的责任。

　　人类进入新世纪，中国的社会经济发展令世人瞩目。人们对于世界未来的政治和经济结构的估计无不以东亚和太平洋为中心，而尤以中国为重点。

　　经济起飞只是当代中国的一个方面，中国的精神文明的建设尤为刻不容缓。如果中国要自觉地发展中华文明，要有意识地使中国的发展具有世界意义，就必须发展强有力的精神文化，这样才能使中华文明的发展进入一个新的阶段，才能形成中国和中华文明的全面现代化。

而中国的精神文化的发展植根于中华文明的伟大传统之中。进入近代之后，在西方文化的冲击下，对于中国文化的价值产生大量的情绪化和激烈冲突的论调。"五四"运动打倒孔家店的口号具有冲破封建束缚的时代意义，对中国文化的发展有不容否认的正面意义，与文化虚无主义是完全不同的。文化虚无主义者否定中国传统文化，在现代化的旗帜下主张全盘西化；而复古主义则沉迷于中国文化的古董，走进反进步、反科学的泥潭。

历史的发展则超越了所有这些论点，产生这些论调的一百多年来的中国近代史已经结束。历史要求中国发展，要求中国走在全世界发展的前列。西化论和复古论都已过时，历史已经要求世界超越西方，中国可以承担起世界的命运，而中国的现实和世界的历史都说明，中国的使命在于它的发展前进，而非倒退。

中华文明走出迷惘的时代，我们这一代处在一个伟大而具有挑战的历史阶段。

总结历史、展望未来，这就是《话说中华文明》的意义和使命。我们创作《话说中华文明》，力求总结和回顾中华文明的全貌，在内容和形式上都开创一个新的局面。在内容结构上，既具有一定的深度，又具有相当的广博性，既有严谨、准确的学术价值，又有活泼、流畅的可读性。我们在本丛书内容纳了中华文明的各个方面，使它综合了大规模学术著作的系统性、严密性和普及读物的全面性、简易性，它既可作为大型工具书检索中华文明的各个成分，又可作为通俗的读物进行浏览。

我们从上世纪90年代初起就开始思考中华文明的历史和现实问题，并逐渐形成了编著《话说中华文明》的设想。在开展这项庞大的文化工程之始，我们就聘请了国内权威学者李学勤、罗哲文、俞伟超、曾宪通、彭卿云诸先生担任学术顾问，他们对计划作了充分讨论，并审阅了大量初稿。我们聘请了广州、香港地区的社会科学学者、大学教师、研究生以及我社编辑人员几十人担任稿件的撰写工作。

通过创作这部书，我们深深地感受到了中华文明的博大精深，也感受到了它的内在缺陷。中华文明具有辉煌的时期，也有苦难的年代，有它灿烂的成就，也有其不足的方面。中华文明在自身中能够吸取充分的经验和教训，就能够使自身健康壮大，成长发展。

通过创作这部书，我们也深深感受到了出版事业的使命和重任。我们希望这部书能受到广大读者的喜爱，起到它所应当起的作用。为中华文明的反省、前进和奋起作一点贡献。

目 录

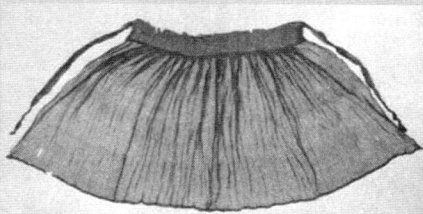

朱学兴盛的时期

宋朝

宋独尊朱学

　　南宋中期以后，程朱道学由于得到宋理宗的极力倡导扶植，完全取得了官学地位。宋理宗本人也因为独尊程朱理学，死后谥号为"理"。

　　南宋中期，程朱道学体系形成。但在孝宗和宁宗前期，由于朝中权贵对朱熹进行排挤，道学不被皇帝赏识，从庆元到嘉定的二十多年间，朝中大臣多次请求宋廷严禁道学，道学也就一直受到禁锢和压抑。因为开禧北伐失败，朝臣更替，史弥远执政等变故，为了制造舆论，开始提倡道学。儒学大师真德秀、魏了翁等人也以恢复程朱正学为己任。嘉定元年（1208）九月，真德秀在朝廷上奏，说当务之急应当褒奖名节，表明好尚。宋宁宗采纳他的建议，为朱熹正名，并且追赐谥号文正公。接着，朱熹的《论语集注》和《孟子集注》成为官定读本。嘉定九年，魏了翁又上书请求皇帝追赐周敦颐等谥号。嘉定十三年，朝廷追周程谥号，周敦颐为元公，程颢为纯公，程颐为正公，张载为明公。这样一来，天下州郡纷纷给周程建造祠堂，程朱道学的思想统治地位基本

朱熹信札

上确立了。

　　宋理宗即位后，对道学更是推崇备至。宝庆三年（1227），他下诏褒奖朱熹的《四书集注》，认为其发挥了圣贤的奥妙道理，有利于治国安邦，又特别追赠朱熹为太师，追封为信国公。理宗还撰写了《道统十三赞》，说伏羲、尧、舜、禹、孔子、孟子等十三人是一脉相承的道统，对他们大加赞扬。还亲自到太学，听祭酒等官员讲儒家经典，并且把《道统十三赞》送往国子监，让人宣读。理宗亲笔书写了朱熹订立的《白鹿洞学规》，颁赐太学。

　　从此，程朱道学成为封建王朝的统治思想。

叶适去世

嘉定十六年（1223），宋代著名学者、永嘉学派的集大成者叶适去世，终年 74 岁。

叶适字正则，温州永嘉人。淳熙五年（1178）他考中进士第二名。从此一直为官。在政治上，叶适是主战派，他主张积极防御，反对冒险进攻；经济上，他主张理财，反对聚敛。开禧北伐失败，韩侂胄被诛杀，叶适也获罪被罢去官职。从此一直闭门谢客，著书讲学而终。

叶适的学术思想是，主张务实，提倡功利，反对单纯的坐而论道、空谈性命。他认为，如果没有功利，道义等等都是没用的空话。他在《习学记言序目》等著作中，对传统的哲学进行了比较全面的反思。他认为构成自然界主要形态是以"五行""八卦"为标志的各种物质，而"仁""义"也必须在功利中表现出来。叶适晚年居住在永嘉城外的水心村，潜心著述，因而被称为水心先生。他的著作有《水心文集》《习学记言》等，他的学说被称为"永嘉学派"，充满了唯心主义成分和批判精神，在儒学发展史上有着特殊的地位和影响。

《太上感应篇》流行

南宋以后至明清，道书《太上感应篇》影响很广，甚至还流传至东亚各地，日本德川时代（1603~1867）曾翻刻出版。

《太上感应篇》简称《感应篇》，作者不详。该书主要思想为"天人感应"和"因果报应"，以儒家道德规范和道、释宗教规戒为立身处世之准则。即"太上者，道门至尊之称也，由此动彼谓之感，由彼答此谓之应，言善恶感动天地，必有报应也"。其思想源流上溯至《玉铃经》《道戒》等书。

《太上感应篇》认为"祸福无门，惟人自召，善恶之报，如影随形"。声言人自有"三尸神"，时刻记录人的罪恶，并于庚申日上报天庭。根据罪恶的轻重大小决定人命寿夭；非义而动，背理而行，则短命而死，如罪有余辜，还将殃及子孙。"是道则进，非道则退"，则"天道佑之，福禄随之，众邪避之，神灵卫之，所作必成，神仙可冀"。若改恶从善，将转祸为福。

龚开画的《中山出游图》，绘画了钟馗与小妹出游的情景，画风幽默。

《舆地纪胜》成书

　　宝庆三年（1227），王象之著成《舆地纪胜》二百卷，叙述了南宋各地的历史沿革、风俗形胜、人物诗文等，是一部宋代地理学名著。

　　《舆地纪胜》的作者王象之，是南宋时著名的地理学家。他做官之余，还精研史地，广泛地搜集地理图志和州郡图径，参订谬误，吸取精华，历时七年，终于编成这部浩瀚的地理名著。《舆地纪胜》以南宋统治区为限，将南宋十六路地理分列为府州县历史沿革、风俗形胜、景物古迹、人物诗文等项，记述了南宋很多历史事迹。这部书引文非常丰富，引用了《高宗圣政》《孝宗圣政》《中兴遗史》等书籍中的许多内容，而这些引用书籍，到后代时多数散佚，因此，《舆地纪胜》有着很高的史学价值，对研究宋代历史地理，都大有裨益。

中国算码成形

　　中国古代的数码有Ⅰ、Ⅱ、Ⅲ、Ⅹ、ㄥ、⊥、⊥、⊥、乄、〇等多种形体，经过长期的发展，到南宋时形成了完整的体系。

　　蔡沈的《律吕成书》把十一万八千〇九十八用文字表示为十一万八千□□九十八，两个方格用来代表空白。蔡沈的这种方法很快被大家仿效，流行起来。但画方格时一快便画成了〇。大概在南宋末年，江南的数学著作中，使用了〇的符号，到了金末元初，北方的数学著作也使用〇的符号。这样，经过长期发展的中国数码形成了完整的体系。数码中的ㄥ后来演变成八，乄则演变发展成夕字。

　　算码完善以后，普通用于商业计算和数学演算，后人把这一套算码称为苏州码子字。直到阿拉伯数字传入中国后，中国的数码才逐渐废弃不用。

宋剪纸艺术繁荣

宋代民间剪纸艺术得到了一个蓬勃发展的良机。

在民间剪纸术中,"江淮南北,五月五日钗头彩胜之制,备极奇巧,凡以缯绡剪制艾叶,或攒绣仙佛、禽鸟、虫鱼、百兽之形、八宝群花之美,绉纱蜘蛛,绮谷麟凤,茧虎绒蛇,排草蜥蝎,又螳螂蝉蝎,又葫芦瓜果,色色逼真,名曰'豆娘'。"(《唐宋遗记》)又"凡孕妇入月,于初一日父母家以银盆或绫或彩画盆盛枣秋指一束,上以锦绣生色帕覆盖之,上插花朵及通草帖罗五罗二女花样,用盘盒装送馒头"(《东京梦华录》)。

这种随礼品剪制的通草花样,可说是剪纸艺术里的"喜花"或"礼品花"之创始。

剪纸行当与名家亦在宋代出现,《武林旧事》中记有:"都下十月以来,朝天门外竞售锦装新历,……金彩镂花,春帖、幡胜之类,为市甚盛。"平时,杭州小经济中还有剪字,剪镞花样、镞影戏,闹蛾儿等。"每一事率数十人,各专籍以为衣食之地"(同上书),不用笔墨砚石,只以剪刀和纸创作出字画的,有杨诚齐(万里)诗集中,

清代剪纸《杨宗保》（窗花），取材宋将杨宗保被父绑出辕门斩首，穆桂英武力救夫的故事。

赠剪纸道人诗，序云："道人取义山（李商隐）《经年别元山诗》，用青纸剪作采元章字体，逼真。"

又周密《志雅堂杂钞》："向旧都大街有剪诸花样者，极精妙，随所欲而成，又中瓦有俞敬之者，每剪诸家字皆专门，其后，忽有少年能衣袖中剪字及花朵之美，更精于人，于是独擅一时之誉，今亦不复有此矣。"这是剪纸艺人留下姓氏的第一名，而即能剪花朵的少年却和众多的民间艺人一样，淹没无闻了。

与雕镂影戏人物相类者，是"走马灯"中以剪纸形式制成的刀马人，姜夔《观灯口号》"纷纷铁马小回旋，幻出曹公大战年"是悉走马灯中剪刻的刀马人和影戏相同。再有就是南宋吉州窑乌金釉的瓷碗上，曾将剪纸梅花、"长命富贵"等字样用到瓷品的装饰上去，这种巧思表达了民间艺人的聪明才智。

宋平江图碑刻成

　　绍定二年（1229），宋平江（今江苏苏州）郡守李寿朋主持重建平江城坊市。平江坊市重建之后，李寿朋命人勒石造碑，根据重建城坊的状貌，在石碑上描绘、雕刻城坊图，碑额题有"平江图"三个字。平江图碑是一幅完整的古代城市造型图碑刻。

　　平江府城大约筑成于春秋吴王阖闾时期，凭借太湖地区富庶的农业和便利的水运，古时非常繁华。尽管南宋初年曾遭兵灾，但很快得以恢复，商业和手工业都很发达。已经出现行业组织。经淳熙、嘉定年间两次重建后，平江城的布局仍然很纷乱。因此，绍定初年李寿朋对城内坊市进行重新整理。他把街坊全部改作前街后河，把坊市按功能和运输条件安排在城市的西半部，这样，整座城市规划整齐，焕然一新。

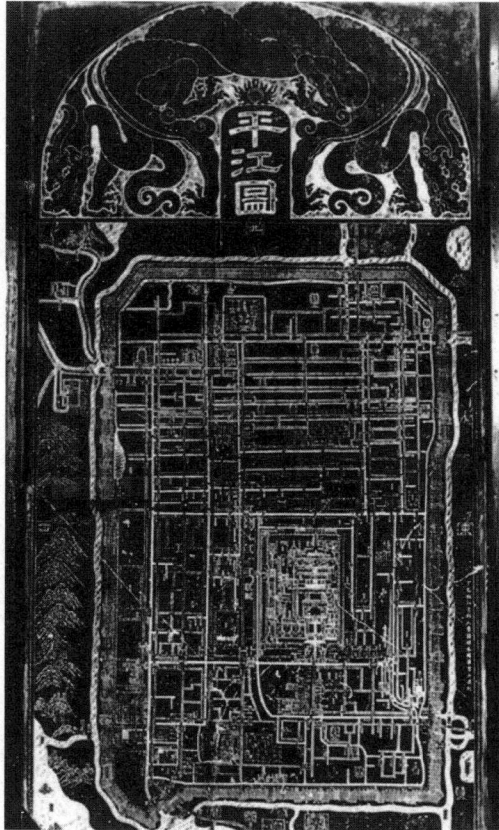

平江图碑

平江城图碑高 2.76 米，宽 1.415 米；刻图的边框高 2.03 米，宽 1.39 米。刻图反映了李寿朋改建后的城市平面布局，上北下南，左西右东，跟现代的地图方位一致。刻图包括城墙、河道、官厅、寺观、塔桥、道路等，城外的名胜古迹也都刻在碑边，整个图面布局严整，位置准确，清晰地反映了城市状貌。后来因为年代久远，原刻变得模糊不清。1917 年曾经加工深刻，加工后的平江图碑，仍然不失原来的风格。

南宋书院再盛行

宋初书院就极为盛行，南宋兴办书院之风又再起。书院是中国封建社会特有的一种教育组织和学术研究机构，一般是著名学者私人创建或主持的高等学府。唐末五代，连年战乱，使官学废弛，教育事业多赖私人讲学维持。宋初的统治者仍忙于军事征讨，无暇顾及兴学设教。于是私人讲学的书院遂得以进一步发展，形成影响极大、特点突出的教育组织。宋初最著名的书院，除公认的白鹿洞、岳麓、睢阳（应天府）、嵩阳之外，还有茅山、石鼓等。

北宋时期的书院一般仍是由私人隐居读书之地发展为置田建屋，

河南登封嵩阳书院门匾

聚书收徒，从事讲学活动之所；设置地点多在山林僻静处，后世认为这是受佛教禅林精舍的影响。后来由于统治者为了更直接地控制教育，一方面大兴官学，一方面推重科举，读书士子不愿长守山林，对书院失去了兴趣，北宋书院便一度衰落。

南宋时期兴办书院之风再起，南宋书院发达同理学的盛行有密切关系，书院成为研究和传播理学的重要基地。朱熹对南宋书院的复兴以及后世书院的发展起了重要的作用。淳熙六年（1179）朱熹知南康军时，在庐山发现白鹿洞书院故址，申请兴复，于次年告成。朱熹为书院订立《白鹿洞书院学规》。对书院宗旨、为学之序及修身、

处事、接物之要作了系统而详细的规定，后世书院大都仿此治学办理。

　　书院既是教学机关，又是学术研究机构，它不仅重视传授学生知识，更重人品与气节的培养。书院采用广泛吸纳各家思想、"门户开放"的政策，重视学术交流和论辩，对其他书院的学者和前来求道的学生热情接待，提供各种方便。书院重视生徒自学，提供独立研讨，课程也较灵活，一般以自修和读书为主，辅以教师指导。书院内师生关系融洽，感情深厚。中国教育史上尊师爱生的优良传统在书院教学中体现得十分突出。书院经费多以自筹为主，有较大自主权，重点用于教学和学术活动。

　　宋代书院在其长期发展过程中积累了许多宝贵的经验，书院所形成的尊师爱生的传统，对后世影响深远，宋书院教学对中国封建社会教育事业的发展，以及对知识分子人格形成有着广泛而深远的影响。

宋重视骑射与水嬉

在宋代，由于军事的需要，骑射受到相当的重视。而同时，一些水上活动也在这一时期变得盛况空前。

射术一直是宋代考核士卒武艺的标准，骑射精良也使当时的武卒力量得到很大提高。

在民间，由于宋时民族矛盾尖锐，所以为了抵御辽金侵略，出现了许多以练习骑射为主的社团组织——"弓箭社"，并一直延续到南宋，使骑技和射术得到广泛的普及和发展。

这一时期有关射术的著述也很多，仅据《宋史·艺文志》记载，就有何珪《射经》、徐锴《射书》等 13 人所著 15 种，共 37 卷，反映当时对射术研究的成果。

水嬉最初是伴随着水军训练出现的，并迅速发展成为一种从官府到民间的全民游戏。宋代水嬉盛况空前，据《东京梦华录》载，当时划船成为"圆阵""交头"，以及赛船"争标"夺彩等。大型画舫尾部设有秋千，表演者荡至与支架齐高时，翻筋斗投入水中。这实在是一种别开生面的早期跳水活动。

钱塘弄潮也是当时别具特色的一种水上活动。每年八月官府在钱

宋代马术图陶枕

塘进行水军训练，当地青年趁潮水涌来，在惊涛骇浪间大显身手，钱
塘江两岸观看的人群，长达数十里。至于传统的端午竞渡，宋辽金元
时期，各地水乡及邻水城镇，仍盛行不衰，一些近水的少数民族地区
也不例外。

宋宫廷昌盛队舞

宋代宫廷基本上承袭唐的乐舞体制，宋代宴乐中最主要的形式是队舞，这是一种由数十人甚至上百人表演的大型集体舞蹈。分为"小儿队"和"女弟子队"两类，每类十队。关于它们所包括的舞队名目，舞者服饰、舞具，唐代原舞名称等，《宋史·乐志》中有很详细的介绍。

宋代"队舞"中的许多作品，从舞名到服饰、舞具等，与前代，特别是唐代有明显的继承关系，例如与"软舞""健舞"类相同名或近似的就有《柘枝》《剑器》《胡腾》《解红》等；与"大曲"类相同的有《婆罗门》《霓裳》等，共有9部之多，但包括这9部作品在内的所有"队舞"又都与唐代同名舞蹈的表演形式有许多显著的不同，故名者也并非原舞的直接搬演，而是经过了较大的发展变化。

在功用方面，宋代宫廷宴乐的队舞，并非承袭唐代《九部乐》《十部乐》及"坐、立部使"等宫廷"燕乐"，而是影响最大、技艺水平最高的表演性舞蹈，宋代"队舞"却兼具礼仪、典礼、欣赏娱乐多种功能，多在圣节大宴、赐酺、上元等节庆和庆贺皇帝后妃诞辰等隆重场合，与乐曲、歌唱、杂剧等穿插表演，《宋史·乐志》记载，每逢

上元观灯、楼前设露台、台上奏教坊乐、舞小儿队、台南设灯山，灯山前陈百戏，山棚上用散乐、女弟子舞，有些显赫的贵族士大夫家中，也拥有"队舞"，如宋真宗的宰相寇准家，就有一支 24 人组成的"柘枝队"。

在内容方面，唐代表演性舞蹈大多表现某种比较单纯的情绪，以创造一种浓郁的艺术氛围。如《剑器》的雄健、《胡腾》的热烈和《采莲》的优雅，而这些舞蹈在宋代"队舞"中，就增加了花心、竹竿子等角色，加进了唱、致语、问答等多种表达方式，成了一种舞蹈、歌唱、诗词相结合的歌舞新形式，虽然后来形成了程式、服务于庆典筵宴，词句典雅而空泛，且少语多变化，但内容还是丰富得多，作品的思想容量毕竟增加了。

在表演形式方面，"队舞"这种形式，在唐代甚至更早就已经出现，但普遍应用于宫廷宴享礼仪，并成为以舞乐、诗、道白、简单的人物装扮和一定的舞台装置结合起来，渲叙事件、表演人物的完整新形式，还是从宋代开始的。

丝织业重心南移

宋朝丝织中心随着蚕桑业的重心南移也从北方移到了江南，尤其是太湖地区，已跃居全国首位。

早在北宋时期，南方丝织品的产量和质量就已远远地超过了北方，南方丝织又以长江中上游地区以及长江下游的太湖流域最为发展。乾德五年（967）以后，东南诸路和今四川一带上供国家的丝织品已达全国上供总数的四分之三，两浙路竟占总数的三分之一强，北方诸路却只占总数的四分之一。

宋代蚕业技术上有两项较为重要的成就，一是四眠蚕的育成和推广；二是野蚕茧初加工技术已逐渐完善起来。尤其前者，是具有重大技术经济意义的事件，宋代北方主要饲养一化性三眠蚕，南方主要饲养一化性或二化性四眠蚕。王安石《荆州禆篇》说："北蚕多是三眠，南蚕俱是四眠。"三眠蚕的优点是抗病能力较强，较易饲养，四眠蚕的优点是蚕体肥大，茧质优良，这也是使南方成为丝织业中心的因素之一。

丝织业重心南移也带来缂丝技术和刺绣技术的发展，缂丝技术始于唐而盛于宋，它采用"通经断纬"的织法，纬线起花，织成图案。

南宋的褐色牡丹花罗

南宋的缂丝青碧山水图轴

缂丝富贵长春轴

北宋时河北定州缂丝最为著名，南迁时缂丝中心随宋室南移，移到苏州、上海一带，其工艺由实用转向单纯欣赏，模仿名家书画，创作出了许多缂丝精品。这时刺绣技术也同样分化成欣赏性画绣和实用性刺绣两大类，并得到了平行发展，主要体现为图案设计更加精美规范，刺绣针法更加丰富多样。

颇具时代特色的宋锦和宋罗的出现，也是丝织业重心南移的结果。宋锦是典型的南方产品，是苏州、湖州、杭州等江浙一带土产，简洁疏朗、秀丽典雅，具有很浓的民族风格。宋罗在宋代相当盛行，素罗、花罗都很精美。

汝窑天下第一

汝窑为宋代五大名窑之一，明代文人品评把它列为首位，因而汝窑有"天下第一窑"的美称。汝窑窑址位于今河南宝丰清凉店，由于它主要为宫廷烧造青瓷，而且烧造时间不长，仅二十年左右，所以传世器物不多，属于稀世珍品。现存少数几件主要收藏于台湾故宫博物院、北京故宫博物院、上海博物馆。

汝窑青瓷釉色呈线青淡蓝，或如湖水晴空或如鸭蛋青色，灰而不暗，

汝窑青釉碗

汝窑粉青釉洗

蓝而不浓，绿而不翠。釉质莹厚滋润，有玉石之感，釉面有不很明显的细小开片，器形仿古，多为洗、炉、樽、碗、盘等，素面无纹。由于天青色的主色调比较稳定而变化较小，而且釉面多无光泽，所以汝窑青瓷整体特点表现了浑厚蕴润。

采用支钉支烧，是汝窑青瓷在装烧技术上的一个特点。汝窑采用的支钉非常细小，器物并不因此而变形。所以汝窑磁器的器底都有支钉痕，明代高濂描述为"底有芝麻细小挣钉"（《遵生八戋》），用芝麻粒来形容器底钉痕确是比较恰当的。

汝窑瓷器的胎都很薄，盘、碗、洗等器物的口与底几乎等厚，这又是与同期瓷器的不同之处。修坯时把坯子修得越薄则难度就越大，汝窑工匠的修坯技术达到了相当的高度，对每一件器物都是精工细作，因而能够达到薄胎的效果。汝窑器物的底足多数均向外卷，特别是盘、碗、洗等圆器的圈足外卷更为明显，这种作法是受浙江越窑的启发，在当时也是很有特色的。

汝窑属官窑，停造后有汴京官窑继之。受汝窑影响，汴京官窑仍是重器形、釉色，不重纹饰，素面无纹，浅青开片面不很明显。汴京官窑以后，又有许多其他窑场效仿汝窑。徐竞所写《奉使高丽图经》就记载了高丽仿汝窑作品的情况，由此可见汝窑的影响是较为广泛的。可以说，汝窑青瓷代表了宋代青瓷工艺的先进水平，是中国青瓷史上的最高峰。

桑树嫁接流行

　　桑树栽培技术的迅速发展和提高始于北魏贾思勰著《齐民要术》之后六七百年间。最重要的成就是采用了嫁接技术。《陈旉农书》最早提到过桑树的嫁接，方法是取品质和生长良好桑树上的直上生枝条"三四寸长截，截如接果子样接之。其叶倍好，然也易衰，不可不知也。湖中安吉人皆能之"。书中所说安吉即指现在浙江湖州市安吉县。这说明桑树嫁接技术，最晚至南宋时已在浙江安吉一带广泛流行。桑树嫁接的另一成就是鲁桑移到杭嘉湖地区后，通过自然选择和人工选择，在宋代甚至更早些时候形成了湖桑类型的新桑种。嘉泰《吴兴志》和《梦粱录》中所说的青桑、白桑都是湖桑类型的桑种，只是当时没有"湖桑"这个名称，清代才见于记载。"湖桑"是一个桑种系统的通称，不是一个桑品种名。自宋朝以后，杭嘉湖地区培育出众多的优良桑种，明、清时期，种苗业发达，外地

在引种推广作文字宣传时，无以命名，于是统称"湖桑"，此即湖桑的历史及其名称由来。

桑树的嫁接对老树更新复壮，加速苗木繁殖，利用杂交优势培育优良品种等方面都具有重要意义。

宋、元之际，人们开始用压条繁殖林木作为桑树繁殖的一种手段。金朝的《务本新书》和《士农必用》关于桑树压条法的记载十分具体细致，反映出关于桑树压条繁殖技术已积累了丰富的经验。桑树压条方法简便、繁殖快，到明清时期，已成为我国桑树繁殖的主要措施了。

定窑饰花瓷器兴旺

　　定窑为宋代五大名窑之一，从唐代时就开始烧制白瓷，至宋后期白瓷更是著称于世。此外还在白瓷胎上涂罩高温色釉，烧制出黑瓷（黑定）、紫釉（紫定）、绿釉（绿定）以及白釉剔花等品种，并大量饰以花纹，如此定窑瓷器，更加为世人所喜爱。

　　定窑饰花瓷器的装饰技法主要有刻花、划花、印花、绘金花等。刻花装饰盛行于宋代早期，此后不久又出现了刻花与篦划相结合的装饰方法，在盘碗的里面及瓶罐的外部肩腹等部位划出折枝或缠枝花卉轮廓线条，再以篦状工具在花叶轮廓线内划刻复线纹。定窑刻花工艺还常见在花果、莲鸭、云龙等纹饰轮廓的外侧划以细线相衬，突出了纹饰的立体感，也强调了主题。

　　定窑印花装饰始于北宋中期，成熟于北宋后期，纹饰多在盘碗的里部，其特点是布局严谨，层次分明，线条清晰，密而不乱。从窑址出土的大量遗物之中大体可以判断定窑印花装饰是仿当地缂丝纹饰的

定窑骑鸡童子

定窑单柄洗

定窑孩儿枕

产物。窑工们把定州缂丝的图案局部再现在瓷器上,这种移植相当成功,使定窑印花一开始就呈现出完美的布局形式,以致看不出印花装饰工艺自身的演进过程。

定窑印花题材多为花卉,还有走兽、禽鸟、水波游鱼等纹饰。花卉纹饰最常见的是牡丹、莲花、萱草,菊花次之,布局讲究对称,多采用缠枝、转枝、折枝等方法。禽鸟纹有孔雀、凤凰、鹭鸶、鸳鸯、雁、鸭等。多与花卉组合在一起。如孔雀多与牡丹组合,这种图案多是在大盘里面绘四只飞翔的孔雀,孔雀之间以一枝牡丹隔开,盘心配以鸳鸯牡丹。这种纹饰俨如一幅布局严谨的织锦图案。此外还有印花云龙纹(这种纹饰的瓷器一般为宫廷里的专用品),以及双鱼纹和婴戏纹等。

定窑饰花瓷器的器形以日用器皿为主,有碗、盘、碟、杯、罐、坛、瓶、瓷枕、灯台、香炉、净瓶等,很符合民间日常生活的需要。

由于定窑瓷器胎体坚细轻薄,釉色较为丰富,花饰内容富有生活气息,以及瓷器种类符合人们的普遍需求,因而定窑瓷器在宋代一直长盛不衰,到了北宋后期,定窑成为官窑,专烧宫廷用瓷,其饰花工艺更趋精巧细致,纹样既清晰明快,又典雅富丽,达到鼎盛。

宋朝

1231A.D. 宋绍定四年　金正大八年　蒙古窝阔台汗三年

八月，蒙古以使臣被杀攻宋兴元、沔州，破城寨百四十。

1232A.D. 宋绍定五年　金正大九年　开兴元年　天兴元年

蒙古窝阔台汗四年蒙古大破金兵于钧州黄榆店，金大将死亡殆尽。金潼关降于蒙古。

十二月，蒙古遣使于宋约夹攻金；宋遣使报聘。金帝东走，蒙古复围南京。

1233A.D. 宋绍定六年　金天兴二年　蒙古窝阔台汗五年

正月，金帝奔归德，其大臣崔立拥梁王完颜从恪监国，以南京降于蒙古。

1234A.D. 宋端平元年　金天兴三年　蒙古窝阔台汗五年

正月，金帝传位东面元帅完颜承麟，旋自缢死。城随破，承麟战死，金亡。

1236A.D. 宋端平三年　蒙古窝阔台汗八年

四月，宋帝以开衅蒙古，下诏罪己。

十一月，蒙古入宋淮西，前锋至合肥，攻真州不克。

蒙古攻江陵，孟珙败之。

1239A.D. 宋嘉熙三年　蒙古窝阔台汗十一年

是岁，蒙古征服南俄平原。

正月，宋孟珙屡败蒙古，复襄阳、光化等地。

1240A.D. 宋嘉熙四年　蒙古窝阔台汗十二年

是岁，蒙古军在拔都与蒙哥统率下进攻基辅，大公迈克尔奔匈牙利。蒙古人遣人召降，基辅人杀之，遂围城。蒙古人继续西进，是年冬履冰渡维斯杜拉河，入波兰，大掠桑多密尔，进抵克拉科后，止于喀尔巴阡山迤北之加里西亚平原。

《元朝秘史》约成书于此时。

1231A.D.

1204 年第四次十字军占领君士坦丁堡后，希腊文之亚里士多德作品大量翻译为拉丁文。

1233A.D.

教皇在日耳曼设"异端裁判所"，在法国设"异端裁判所"，并以侦查"异端"权授多明尼加派僧侣，路易九世予以有力支持。

《沧浪诗话》成

南宋严羽所著的诗歌理论著作《沧浪诗话》，约成书于南宋理宗绍定、淳祐年间。它以系统性、理论性较强而在宋代最负盛名，对后世也产生了很大的影响。

严羽，字丹丘，一字义卿，自号沧浪逋客，邵武（今属福建）人，南宋诗论家、诗人。其生卒年不详。他一生未出仕，大都隐居于家乡。但仍关心时事，爱国思想在诗中时有流露，对朝政弊端也颇多不满之词。

《沧浪诗话》共有《诗辨》《诗体》《诗法》《诗评》和《考证》五门。作者对此书颇为自信、自负，称之为"自家实证实悟"之作，是"断千百年公案，诚惊世绝俗之谈，至当归一之论"（书后附《答出继叔吴景仙书》）。严羽论诗的基本方法是借禅理以喻诗、说诗。他在全书总纲《诗辨》一门中，鲜明地提出了论诗宗旨，大要在一"识"字。因为"诗有别材，非关书也；诗有别趣，非关理也"，故"学诗者以识为主"。所谓"识"，即当时人常用的"禅""悟"。由有识而获妙悟，因妙悟而通于禅道。具体地说，便是以汉魏盛唐为第一义的效法对象，加以深刻透彻的领悟，方能达到"不涉理路，不落言筌""羚羊挂角，无迹可求""言有尽而意无穷"的最高艺术境界。《诗体》主要论述

《静听松风图》，马麟画。

诗歌风格体制演进变化的历史；《诗法》着重阐明作法和技巧方面的要求；《诗评》举例评析汉魏以来的诗歌，态度比较全面公允；《考证》是对某些诗篇的作者、分段、异文等的考辨。

《沧浪诗话》对诗歌的形象思维特征和艺术性方面的探讨，对中国古代诗歌的发展作出了一定的贡献。但也存在着脱离生活和唯心色彩较浓的弊病。

陈自明系统性整理妇科医术

南宋嘉熙元午（1237），妇产科兼外科医家陈自明广泛采撷诸家之善，结合家传的医方，编成《妇人良方大全》一书，成为中国现存最早的、具有系统性的妇产科专著。

陈自明（约1190~1270），字良甫，临川（今江西抚州）人。世医出身，医术精湛，医德高尚，曾受聘任建康府明道书院医学教授。他在长期的医疗实践中，认识到医妇人之病，特别是妇人生产时的一些疾病非常危险艰难，而当时的妇产科书籍散漫无纲，分类简略，所选病症又不齐备，影响具体的医疗实践和专科医术的进一步提高。鉴于此，在编写《妇人良方大全》时，便力求在前人基础上"补其偏而会其全，聚其散而敛于约"。全书分为八门，顺序为调经、众病、求嗣、胎教、妊娠、坐月、产难、产后。每门分列若干篇论，总计约266论，论后

陈自明像

介绍方药主治，内容条理清晰而又妇产兼备。书中突出了"效"，即实用性。在论述诸病时着重概括受病之由，阐述症候特色，并附有医案，可供临床借鉴参考。而且在选方时不分贵贱，注意吸取一些民间验方与中草药的治疗经验，加强实用价值。书写成后，影响深远，流传广泛，并有一定国际影响，为后世妇产科的发展发挥了重要的承上启下作用。

但原书中存在的一些封建唯心观点，如妊娠门中的"转女为男"，坐月门中的"禁草法""禁水法""催生灵符"等，须批判地对待。

1263 年，他又编成《外科精要》（一名《外科宝鉴》）3 卷，集 55 论，选方 70 首。书中全面地论述了痈疽病因、病机、诊断、预后，并针对当时外科医生只重对病阅方，不重医理辨证，疗效很差的弊病，强调辨证选方，如反对拘泥于热毒内攻之方，而专用寒凉攻乏之剂等，使《外科精要》成为南宋很有代表性的外科专著。

赵复入蒙古

窝阔台汗八年（1235）八月，蒙古军攻破宋德安府（今湖北安陆），
俘赵复。赵复，字仁甫，德安人，以儒学见重于世，学者称之为江汉
先生。姚枢从俘虏中访得赵复时，赵复正因全家均遭杀害，悲痛欲绝，
姚枢劝止他，并力劝他北上。后来杨惟中、姚枢将他连同缴获的程朱
之书带至燕京（今北京），建立太极书院，由赵复讲"程、朱二氏性
理之书"。

赵复认为周程以后书籍广博，学者不能贯通，于是自编《传道图》
《伊洛发挥》《师友图》《希贤录》等书，向学者全面介绍孔孟之道
和程朱理学书，并对程朱理学进行阐发。赵复曾受到忽必烈召见。赵
复辞职隐居时，把程朱传注诸书尽付姚枢。从此，程朱理学往北方广
为传播。

开元寺双塔建成

　　宋绍定元年至嘉熙元午（1228～1237），在泉州开元寺紫云大殿前，建成"仁寿塔"，嘉熙二年至淳祐十年（1238～1250）又建成"镇国塔"。

　　仁寿塔高约44年，镇国塔高约48米，两塔东西相对，全用石料，仿木构成八角五层楼阁式。塔基是须弥座，塔身是实心。有一层辟出一方洞，有梯子可上下，外面有回廊栏杆，可以绕塔周行，每一层分别开四门，设四龛。每一门龛都有浮雕佛像。塔壁浮雕有中国和印度僧人像，大小与真人差不多相等。龛内浮雕有佛、菩萨，龛两侧有武士、天王、金刚、罗汉等，神态各异，惟妙惟肖。仁寿塔须弥座的花鸟虫兽装饰图案，线条柔美细致，非常别致；镇国塔须弥座的三十九幅释迦牟尼故事浮雕，造型精美。开元寺双塔是南宋艺术的瑰宝。

福建泉州开元寺双塔

景德镇青白瓷成名

　　景德镇是宋代江南地区著名瓷器产地，在当时以主要生产青白瓷而闻名于世。青白瓷是一种仿玉产品。在古代因玉器属稀有珍品而多为统治阶层所垄断，人们只好转而寻求以瓷代玉。景德镇匠师出色地实现了这一模仿，烧出了色质如玉的青白瓷，满足了市场所需，博得了"假玉器"的美称。青白瓷，是一种釉色介于青与白之间的薄胎瓷器，釉色明澈丽洁，白中泛出一种青绿色或青蓝色；其胎质洁白而坚，轻薄透明。青白瓷在宋以后相继有"隐青""影青""映青""印青"等别称。景德镇青白瓷以日用器皿为主，饮食用具有碟、盘、碗，酒具有注子、注碗、杯、托子，盥洗卫生用具有钵、洗和各式香薰，照明用具有灯盏，有供存放药材、香料或妇女化妆用品的盒子，有称子母盒的，是于大盒内粘附三个小盒，分放粉、黛、珠等化妆用品。此外，有为善男信女烧制的观音菩萨，有专为陪葬用的盖式塔罐，寝具有各式枕，如双卧狮、立象、卧婴和银锭式，以银锭式较多。

　　景德镇青白瓷的器形也有自己的特点。如瓷钵由敛口变敞口，折肩，肩以下渐渐收敛，口大底小，器形有较大的变化。青白瓷中又盛行盖瓶，瓶体瘦长，上下基本相等，上中部颈细长，颈上堆塑动物纹，上有塔

点彩盒，胎质洁白细腻，施青白色釉，装药品、香料之器。

朱学兴盛的时期

瓜棱形盒，施青白色釉，宋代瓷盒中的上品，装药品、香料之器。

形盖，盖顶为一鸟形钮，下半部瓶身多有附加装饰，肩部一周堆贴人物。景德镇烧制的盒子形体小而扁，有圆形、八方形、六瓣形和菊瓣形等，盒面多饰以阳文印花。

　　青白瓷还辅之以刻花、篦点、篦划和印花装饰，更增强了青白瓷的艺术感染力。北宋前期青白瓷多光素无纹饰，规整的器形和润洁如玉的釉子，博得了人们的赞赏。中期以后至南宋，刻画、印花纹饰的大量出现，使青白瓷更加盛行。

　　景德镇青白瓷的成名是有其特定因素的。景德镇具有优越的自然条件，诸如优质高岭瓷土，遍地马尾松柴，便利的水路交通，技艺高超的制瓷工匠，这些都是江南地区任何瓷窑无法比拟的。因而青白瓷对江南地区影响很大，江西、福建、广东、广西、浙江、湖北、湖南、安徽等八省近四十个县都出现了模仿瓷窑。它们之间形成了一个以景德镇为中心的青白瓷体系。青白瓷是江南地区两大瓷系之一，影响面之大居宋代六大瓷系的首位。

使棒兴盛于宋民间

　　宋朝的社会政局复杂动荡，内忧外患，习武成为当时的一项主要活动，各地呈现出各种习武形态。由于各地习武传统不同，习练项目及练法也有区别。

　　"使棒"是其中项目之一。它始于宋代，其意为用棒习武或用棒比武。当时这项活动在城乡都十分普及。各地习棒的普遍发展又促进了棒术的发展演变，这主要表现在不同棒术派别竞相逞雄，争奇斗艳。当时的话本对此有精彩的描述。

　　北宋《史弘肇龙虎君臣会》在描写河北尧山人郭威与河南府郎署李霸遇校棒时写道："山东大擂，河北夹枪。山东大擂，鳌鱼口内喷来；河北夹枪，昆仑山头泻出。三转身，两撅脚，旋风响，卧鸟鸣。遮拦架隔，有如素练眼前飞；打踬支撑，不若耳边风雨过。两人在厅前使那棒，一上一下，一来一往，……喝声不断。""大擂"是使棒的一种解数，也称"雷棒"，指动作大劈直进，横扫连击，显示了山东棒术粗犷刚强的风格。

　　而河北"火枪"，则指的是以棍法为主兼用枪法，体现了河北棍

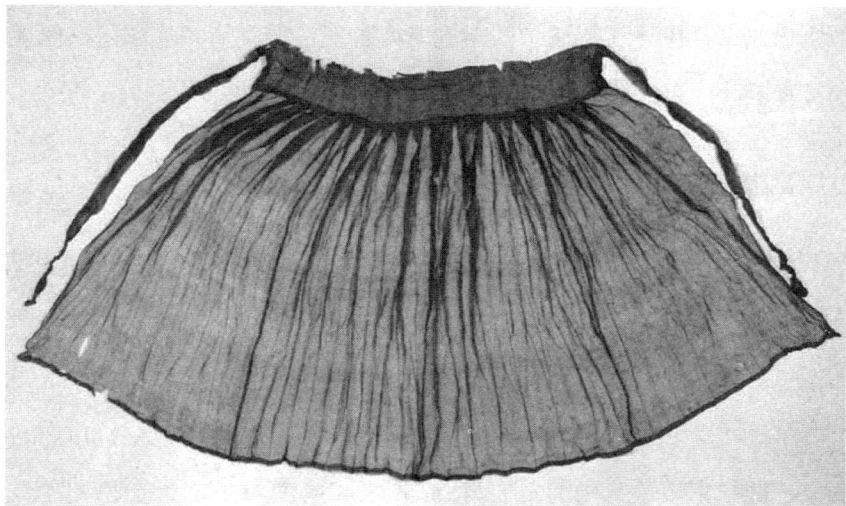

南宋褐色罗印花褶裥裙

法刚柔相济、细腻多变的特点。文中所说的"三转身""两撇脚""旋风响""卧鸟鸣"都是持棒时的动作名称。

由于这些名称形象地形容了棒术动作，容易被人们接受，所以就成了棒术传习中的术语并广泛在民间流传。当时，民间举行的擂台赛也在一定程度上促进了使棒技能的发展。

以《扬温拦路虎传》中叙述的在东岳泰山的使棒擂裁判台赛为例，赛前除宣读比赛规则外，再由部署在中间间棒，宣布比赛开始。胜者可以领取"利物"（奖品）。像这种有组织的比赛，使民间使棒更加普遍，同时也推动了棒术招法的研究。《张协状元》是宋代最早的戏文。它的第八出称使棒的招法"有大开门、小开门"，人们至今还沿用它。招法是棒术技法变化及风格特点的具体表现。当时不仅讲究招法的各种变化，而且也注重招法中的问题。各种招法的发展，反映了民间棒术又有了进一步的发展。

宋海上丝绸陶瓷之路通达世界

宋代奖励海外贸易，海外贸易比之唐代有了较大的发展，市舶之利成为国家财政收入中的重要组成部分。在南起琼州，北至密州的广大沿海地区，都有政府设立的市舶机构，专门管理海外贸易和商船的进出。广东、泉州、明州（宁波）成为宋代对外贸易的三大海港。

宋代中国和亚非各国经济上的交流，最具有代表性的是丝、瓷的输出和香药的进口。在中国出口的货中，从宋初开始，便是以金、银、缗钱、铅、锡、杂色帛和瓷器为主，中国帆船曾经频繁地出没于北起高丽、日本，南至苏门达腊、爪哇，西抵印度、阿拉伯、东非的许多口岸，担当了丝帛和瓷器的出口、香料和药材的进口任务，同时也担当将中国的丝、瓷文化向广大海外世界传播的重任。

宋代丝织业保持着向上发展的势头，丝绸织造技术推陈出新，海外市场随着航运业的繁荣有了比之过去更为广阔的拓展。当时，世界上生产丝绸的国家和地区逐渐增多，花色品种也越来越丰富，在这种国际环境下，宋朝的丝绸在保持传统信誉的同时，谋求生产出更多与其他丝绸生产国相比具有一定优势的产品。在海外市场上享有崇高的

声誉。

　　与陆上的丝绸之路相对，宋代开辟了海上丝绸之路，将丝绸从海上运销到亚洲各地和东非沿岸的国家。这些国家分布在北起日本，南至东南亚和印度洋各地，例如日本、阇婆（爪哇）、注辇（朱罗）、天竺（巴特那）和一些阿拉伯国家。宋代生产的各种绢伞、绢扇、缬绢、白绢、假锦、建阳锦、锦绫、皂绫、五色绢、丝帛等，在这些国家和地区拥有广大的市场和很高的声誉。

　　中国的瓷器一向以色泽晶莹、纹饰绚丽著称于世，深受各国人民的喜爱。从 8 世纪末起，中国瓷器就开始大批出口海外各国，外销瓷的繁荣期达 1000 年之久。瓷器最适合于水路运输，宋代航海业的发展，直接刺激了中国东南沿海的青瓷和青白瓷的生产。华瓷大量外销，出现了所谓的海上陶瓷之路。陶瓷之路起自中国沿海的扬州、明州和广州，东通日本，向西跨越印度洋，一直到达坦桑尼亚的基尔瓦和埃及的亚历山大里亚，并且进入地中海。

　　9、10 世纪风行世界的外销瓷中名列榜首的是长沙铜官窑的陶瓷。长沙窑首创釉下彩绘，有釉下褐、绿两彩，突破了青瓷的单一青色，各种彩色纹样开始大量涌现。这些产品从甬江运往日本、朝鲜、琉球、菲律宾、印度尼西亚、斯里兰卡、巴基斯坦、伊朗和伊拉克等地，甚至在埃及的古都福斯塔特遗址中也有铜官窑的陶瓷出土。在 11 世纪上半叶，阿拉伯学者几乎一致认为铜官窑所产的“杏黄色瓷器最佳：胎薄、色净、声脆；奶白色次之；各种浅色又次之”。在外销瓷中数量最多的是青瓷。宋代外销瓷以越窑系、龙泉系青瓷为主。宋代青瓷几乎在

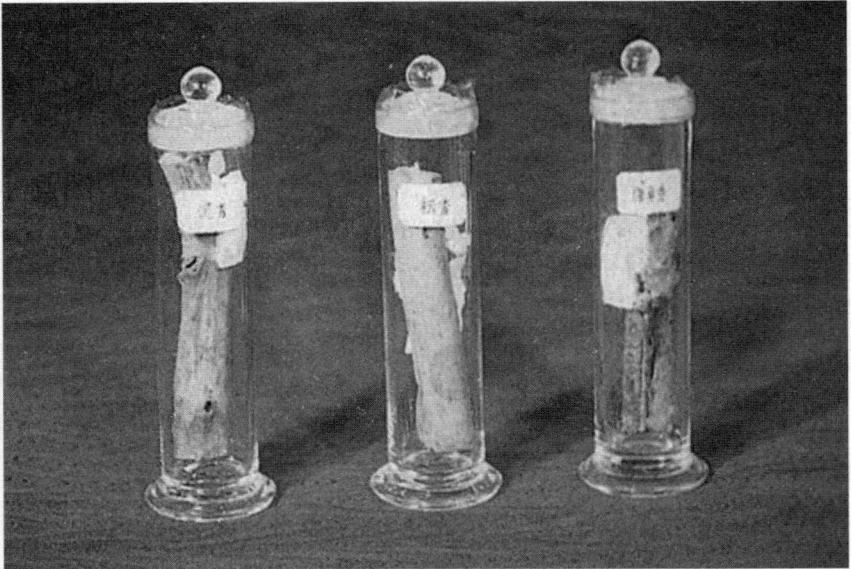

在福建泉州湾发掘的一艘宋代沉船中，发现当时宋代进口
阿拉伯的香药。宋代用丝绸与阿拉伯香药互易是当时贸易
的主要内容。图为在沉船中发掘出的降真香、沉香、玳瑁、
乳香、胡椒等香药。

世界各地均有出土。

　　总之，宋代海上丝绸之路、陶瓷之路通达世界各地，丝绸与瓷器大量外销，为许多民族增添了新的生活用品，输送了新的艺术图样，为世界文明的发展作出了巨大贡献。

大曲持续发展

　　宋代舞蹈中，有不少来自唐代的"大曲"，陈旸《东书·女乐下》记载了大曲的表演情景："至于优伶、常舞大曲，唯一工独进，但以手袖为容，踏足为节，甚妙串者，虽风旋鸟骞不踰其速矣，然大曲前缓叠不舞，至入破则羯鼓震鼓，大鼓与丝竹合作，句拍益急，舞者入场，投节制容，故有推拍、歇拍之异，姿制俯抑，百态横出。"这一记载与唐代演出情况近似，到南宋史浩著《鄮峰真隐在曲》时，已有明显的变化，他在书中所记的诸大曲，多为舞蹈居主要位置的作品，似为大曲的"入破"部分，从长达十数或数十段的大型歌舞套曲中，采摘一部分段落表演，有的仍保存了唐代大曲乐、舞、歌相结合的表演形式，一些则变化发展成为用音乐、舞蹈、诗词等综合手段演叙人物情节故事。宋代大曲兴盛，连皇帝也自制大曲，《宋史·乐志》载：太宗赵炅就曾自编《平戎破陈乐》《金枝玉叶春》《一斛夜明珠》等18部大曲。名目繁多的宋代大曲，除继承改编前代作品外，也有大量新作，据《宋

史·乐志》载，北宋教坊所奏有18调、40大曲，其中《梁州》《剑器》《薄媚》《伊州》《石州》《采莲》《胡渭州》《绿腰》《千春乐》等来自唐代。而《大宋朝欢乐》《甘露降龙庭》《嘉禾生九穗》等皆是宋代新作，宋代还有只演出大曲"入破"以后快节奏舞段的，称为"曲破"。《宋史·乐志》所列宫廷"曲破"名目有《宴钧台》《七盘乐》《采莲回》《舞霓裳》等。从曲名上看，是承袭汉、唐乐舞，但经宋人编制，其乐情舞志，已发生较大变化。

南宋史浩《鄮峰真隐大曲》一书中，记录了《采莲舞》《太清舞》《拓枝舞》《花舞》《剑舞》《渔父舞》等大曲队舞，除详尽地收录了序词、朗颂词、歌词以外，还简要地记录了舞蹈情志、地位调度、人物装扮及舞蹈装置等情况。

《剑舞》的构思很奇特，它将楚汉相争时的"鸿门宴"和唐代公孙大娘舞剑器致使张旭"草书大进"，这前后相距900年的两个历史故事合于一台，它是以舞为主、舞与戏结合向戏曲发展过渡时的一代表性实例。

宋朝

241A.D. 宋淳祐元年　蒙古窝阔台汗十三年

九月，高丽屡败于蒙古，请降，入贡，遣质子。

十一月，蒙古窝阔台汗死，其后乃马真氏称制。

是岁蒙古大军在欧洲分四路进攻，以拔都、海都、哈丹与速不台分统之。三月初发起攻击，大败波兰与日耳曼联军于利格尾兹，大败匈牙利王培罗于萨约河畔之摩海平原。是年秋进军维也纳，远至那斯塔德。另一路沿提罗尔边境进至亚德里亚海北端，与威尼斯相近处。

1245A.D. 宋淳祐五年　蒙古乃马真皇后称制四年

五月，宋大造轻捷战船以固江防。

七月，蒙古掠宋淮西，至扬州而去。

1246A.D. 宋淳祐六年　蒙古乃马真皇后称制五年　贵由汗元年

七月，蒙古贵由汗立为大汗，是为定宗。

十二月，亡金将士据太行山反抗蒙古者十余年，至是始降。

宋名将孟珙死。

北方禅宗曹洞宗宗行秀卒。

1247A.D. 宋淳祐七年　蒙古贵由汗二年

苏州文庙宗地理图上石。苏州石刻天文图石成。

秦九韶著《数书九章》成。

宋慈著成《洗冤集录》。

1248A.D. 宋淳祐八年　蒙古贵由汗三年

三月，蒙古贵由汗死，皇后海迷失称制，立皇子失烈门，诸王多不服。

1250A.D. 宋淳祐十年　蒙古海迷失皇后称制二年

诗人戴复古去世。

1241A.D.

教皇格累戈里九世在罗马召集宗教会议，废黜腓德烈二世。腓德烈发大兵攻教皇国，几陷罗马。

1245A.D.

神圣罗马帝国教皇英诺森四世在里昂（法国）召开第十三次宗教大会，决定驱逐皇帝腓德烈二世出教。

1248A.D.

法王路易九世组十字军，出发后在赛普拉斯岛渡冬。

西班牙东南部伊斯兰城市格兰拉大之阿尔罕布拉宫，约在此时建造。

余玠主持四川防务

余玠，分宁（今江西修水）人，曾为赵葵部将，在两淮屡建战功。淳祐二年（1242）十二月，余玠被任命为四川安抚制置使兼知重庆府，措置四川防务。

淳祐元年（1241）秋，他作为淮东提刑率开师援助被蒙军围攻的安丰，因解围有功，升任淮东制置副使。次年负责四川防务，接着又被正式任命。

余玠前往四川赴任时，孟珙主动供应军粮 10 万石，并派部将率师支援。此时的四川，民不聊生。余玠到任实行轻徭薄赋政策，去除专横军官以整肃军纪，提高了宋军的指挥效能与战斗力。他正式在重庆设立元帅府，在彭大雅营建城防的基础上，进一步建设重庆城防，将重庆作为全蜀抗战的指挥中心和大本营。还在四川广招贤士，广求振兴之策。他接受隐居播州的冉琎、冉璞兄弟的建议，根据四川地形特点，在合州钓鱼山筑城，迁合州治于山上。以此作为全蜀防御的支撑点。以后几年内，他又择险要地形，修建并扩建了青居（今四川南充南）、大获（今阆中东北）、云顶（今金堂南）、神臂（今合江西北）、运山（今蓬安西南）等山城二十余处，搬迁各州县治和各戍司于其上，可耕可战，将彭大雅帅蜀以来各地自发修筑的城寨连成一个能有效地抗御蒙古骑兵的山城防御体系。同时余玠采取措施恢复商业，整顿财政，派军在成都平源上大兴农田，委派官吏在山区劝课农桑。改变了四川无民、无财、无兵、无粮的状况，使残破的四川经济得以复苏，社会秩序初步稳定，出现了后世所称的"西土中兴"的局面，余玠又与蒙古军大小战 36 次，多次打败入侵的蒙古军。

1243 年，按竺迩、汪德臣攻蜀均未能有多大收获，1246 年春，蒙古都元帅塔塔儿歹帖赤分兵四道入蜀，又被击退。其后几年间出入四川的蒙军减少。另外，余玠还不时亲自出巡，并于 1251 年夏进攻被蒙古军占领的兴元府（今陕西汉中），慨然以恢复全蜀为己任。1252 年底，余玠调集全川将士，粉碎了帖哥火鲁赤、汪德臣等几路蒙军对嘉庆（今四川乐山）的围困。在他十多年的苦心经营下，四川出现了宋蒙交战以来从未有过的良好局面。

宝祐元年（1253 年），余玠因受朝廷猜疑，召赴临安。他闻召突然死去，或说服毒而亡。

秦九韶著《数书九章》

　　1247 年，南宋数学家秦九韶，写成《数书九章》，对数学的重要性、应用的广泛性做了精辟的论述，认为它足以揭示自然界的各种规律，描述万事万物的情状。

　　秦九韵（1202~1206），其父秦李樆曾任四川巴州太守、工部郎中、秘书少监、四川潼川府知府等职，秦九韶自小随父受过良好启蒙教育。秦九韶清楚地认识到数学在计算历法、度量田域、测量雨雪、军事部署、财政管理、建筑工程、商业贸易中的作用。他注意搜求生产、生活、交换及战争中的数学问题，"设为问答以拟于用"。1244 年，秦九韶因母丧回湖州守孝，这一时期专心数学研究。1247 年，写成《数书九章》，南宋时称为《数学大略》或《数术大略》，明朝时称为《数学九章》。

　　《数书九章》全书共 18 卷，约 20 万字，收入 81 题，分为九大类。

第一，大衍类：集中阐述他的重要成就——"大衍求一术"，即一次同余式组解法。他总结历算家计算上元积年方法，在《孙子算经》"物不知数"的数学模型基础上，系统地提出了一次同余式组解法。大衍求一术的发明具有重大意义，在欧洲，550 年以后经过欧拉、拉格朗日、高斯几十年努力才达到同等水平。第二，天时类：关于历法推算及降雨降雪量测算。第三，田域类：面积问题。第四，测望类：勾股重差问题。第五，赋役类：均输及相税问题。第六，钱谷类：粮谷转运和仓库容积问题。第七，营建类：建筑工程问题。第八，市易类：交易及利息问题。这81题均包括答（答案）、术（解决方法、依据）和草（演算过程）。

秦九韶在高次方程数值解法方面成就尤为突出。他以"增乘开方法"为主导求高次方程正根。他运用这种方法解决21个问题中高次方程26个，其中二次方程20个，三次方程1个，四次方程4个。他还用勾股差算出一个十次方程。这是继刘益、贾宪之后，建立起求高次方程正根的一般方法。

秦九韶将贾宪开创增乘开方法发展到十分完备的地步。在开方中，他发展刘薇开方不尽求微数思想。这些思想远远领先于西方数学界几百年。

秦九韶第一次用十进小数表示无理根的近似值。《数书九章》卷五中"三斜求积题中"秦九韶提出已知三角形三边 a、b、c 求面积的公式：设 a<b<c。

$$A=\sqrt{\frac{1}{4}\left[a^2 \cdot b^2 - \left(\frac{a^2+b^2-c^2}{2}\right)^2\right]}$$

这个公式与古希腊数学家海伦提出求任意三角形面积公式：

$$A=\sqrt{s(s-a)(s-b)(s-c)},$$
$$S=\frac{1}{2}(a+b+c)$$

是等价的。这在中国数学史上是具有特色的一项数学成就。

秦九韶《数书九章》体现了他深刻的数学思想，他明确把数学划

分为理论基础与具体应用两部分，进而探讨多种数学方法。

秦九韶的杰出成就，被美国科学史家萨顿誉为"他那个民族、他那个时代，并且确实也是所有时代最伟大的数学家之一"。

宋慈开创法医学

宋代，法医学作为一门独立学科的条件已初步具备。宋慈在此时对中国古代法医学的发展作了全面总结，写成《洗冤集录》一书，开创了法医学，宋慈也由此成为"法医学之父"。

早在战国时期，在诉讼活动中就已有法医检验参与其间，《礼记》中对法医的检验活动有所记载。秦汉时期，司法中法医检验活动已成为刑事诉讼中不可缺少的环节，相当频繁，法医检验也开始理论化。隋唐时期，随着司法制度的完备与成熟，以及古代医学水平的提高，法医检验开始在立法与司法中占据重要地位。五代和氏父子的《疑狱集》，以及北宋郑克《折狱龟鉴》等折狱书的相继问世，也都为法医学的成熟提供了现实条件，南宋宋慈编撰《洗冤集录》，标志着法医学作为一门独立学科的开创。

宋慈（1186~1249），字惠父，福建建阳人，南宋宁宗朝进士，历任多地行政，司法官员。他一贯严肃认真地对待司法审判，尤其重视刑事案件的现场勘验。宋慈反对国家委派一些新入仕途、没有实际经

宋慈像

《洗冤集录·验尸图》

朱学兴盛的时期

宋提刑洗冤集録目録
朝散大夫新□□□□□□湖南提刑充使□□朱慈惠父編

卷之一
　條令
　檢覆總說下
　檢覆總說上
　疑難雜說上
　疑難雜說下

　初撿
　驗屍
　小兒屍并胞胎
　洗罨
　驗已埋殯屍
　无憑撿驗

　覆撿
　婦人
　四時變動
　驗未埋瘞屍
　白僵死瘁死

卷之二
　驗骨
　自縊

　論骨脈要害去處
　打勘死假自縊

卷之四
　他物手足傷死
　殺傷
　火死
　服毒死
　針灸死

　驗罪囚死
　跌死
　壓塞口鼻死
　牛馬踏死
　雷震死
　蛇虫傷死
　築踏內損死
　遺路死

卷之五
　溺死

　自刑
　屍首異處
　硬物癮痁死
　車輪拶死
　虎咬死
　酒食醉飽死
　男子作過死
　仰卽臥泊赤色

　受杖死
　塌壓死
　湯潑死
　病死
　割口詞

《洗冤集录》书影

验的官员和一些武官去处理重大命案，认为这些人难免造成冤案、错案。为了"洗冤泽物"，他特采撷前人折狱著作中有关法医检验的案件实例，结合自己的实践经验，"会而粹之，厘而正之"，加进自己的意见，总为一编，这就是《洗冤集录》。

《洗冤集录》是中国最早的一部比较完整的法医学专著，也是世界上第一部法医学专著，比意大利人佛图纳图·菲德利（Fortunato Fidelis）所著的欧洲第一部法医学著作要早350多年。此书的最早版本是宋理宗淳祐七年（1247）宋慈于湖南宪治的自刻本。该书一出，皇帝立即命令颁行全国，成为南宋王朝及后世办理刑案官员的必读本，据钱大昕称，该书一直被"官司检验奉为金科玉律"（《十驾斋养新录·洗冤录条》）。

《洗冤集录》共5卷，53目，每目下又分若干条。全书共有四部分，其第一部分是将宋代历年公布的同法医检验有关的法令汇总，辑为"条令"目，共29条，都是针对检验官制定的法律规定，凡是违犯者都要承担法律责任，这说明宋代司法中的法医检验已有法可依，已经法律化了。第二部分是检验总论，包括法医检验人员的一般办事原则、检验原则以及技术操作程序等，说明宋代法医检验已有章可循，已规范化。第三部分是关于验尸、验骨、验伤、中毒等各种死伤的检验和区别的方法。第四部分里有关各种急救的方法和药方，包括对自缢、溺水、冻死、杀伤、胎动等数十则。

《洗冤集录》中不少内容符合近代法医学原理，有许多具有相当科学水平，对法医检验很有价值。它提出了即使在今日法医检验中也须遵循的法医检验的一般原则，如实事求是、不轻信口供、调查研究、验官亲填"尸格"等。该书所论述的法医检验范围和项目与现代法医学所论述的基本一致。如现代医学对人的非正常死亡，定为：机械性死亡、机械性窒息、高低温致死等，该书则定有"刃伤物灭、手足他物伤、缢死、勒死、溺死、捂死、烧冻死"等。对于各种死伤的疑难辨析，有许多是符合现代医学、生理学原理的，如对溺死、烧死、缢死者在不同状况下的不同特点，作了细致、形象的描述，多与现代法医学相同。

　　宋慈之后，元、明、清各代都有不少类似的法医学专书问世，但"后来检验诸书，大抵以是为蓝本而递相考究，互有增损，则不及后来之密也"（《四库全书总目·子部·法家类》）。明代以后，朝鲜、日本、法国、英国、德国、荷兰先后翻译出版《洗冤集录》，该书在国际上广为流传，是中华民族对世界法律文明发展的一大贡献。

吴文英作《梦窗词》

　　吴文英（1200~1260），字君特，号梦窗，四明（今浙江宁波）人。吴文英虽然毕生不仕，但与当时的显贵过从甚密，以清客身份出入豪门，交游唱酬者有宰相吴潜、亲王赵与芮、权臣贾似道等。他中年以后长居苏杭两地，过着闲适的生活，在创作上力求恢复北宋周邦彦的传统，是南宋中叶以后较有名气的词家之一。

　　吴文英的《梦窗词》今存 340 首，受生活经历和个人情趣所限，题材偏狭，内容较贫乏，脱离现实，多为咏物、节令、应酬之作，其中与朝官酬唱的词就多达 80 余首。只有少数是殷念国运、深于感慨之作，而莺啼燕呢、缠绵悱恻的词占了主要地位。他的词以艺术技巧取胜。在沈义文的《乐府指迷》中，可见吴文英的词学主张——"音律欲其协，不协则成长短之诗；下字欲其雅，不雅则近乎缠令之体；用字不可太露，露则直突而无深长之味；发意不可太高，高则狂怪而失柔婉之意。"吴文英的词作充分体现了这些主张，以守律精严、烹词炼句、讲究字面、措意深雅为基本特征。如他的《风入松》（听风听雨过清明），写对一个女子的追思，是常见的题材。但词中联想新奇，打破时空秩序，缘情设景——"黄蜂频扑秋千索，有当时纤手香凝。惆怅双鸳不到，

南宋《荷塘按乐园》，为南宋山水画中反映当时风俗的一种新形式。

幽阶一夜苔生"，蜂舞苔生的眼前之景均因当年的纤手鸳履而别寓深情。吴词缛织缜密、情思婉转、章法多变而脉络井然。吴文英还精通乐理，自度了许多曲调，在丰富词体方面有一定贡献。

吴文英继承了周邦彦的词风，继续探索传统本色词的艺术技巧，丰富了艺术表现力，形成了密丽浓艳的风格，其某些艺术主张对当时辛派词末流的浮躁叫嚣之风亦有"补偏救弊"的作用。但他过分偏重形式技巧，加上喜欢堆砌典故，藻饰太甚，以致流于晦涩，其影响远及清代的某些词人。

赵友钦做光学实验

13世纪中叶，赵友钦设计和实施了小孔成像实验。赵友钦（13世纪中叶~14世纪初），自号缘督，饶州鄱阳（今江西省波阳县）人。

中国宋末元初的科学家。其著述颇多，但大都失散，唯留《革象新书》五卷。此书以讨论天文问题为主，兼及光学和数学，有不少精辟的论述。其中"小罅光景"节便记载了这一实验。

赵友钦以楼房为实验室，在楼下相邻两个房间的地上各挖一个直径约为4尺多的圆阱，右阱深4尺，左阱深8尺。实验时，在左阱中可安放一张4尺高的桌子。另在两块直径4尺的图板上各密插1000多支点燃的蜡烛，放在阱底（或桌面上）作为光源。再备中心开孔的大小和形状各不相同的木板若干块，实验时根据需要选取分别盖在两阱口。每个房间楼板下各水平挂一块大木板做像屏。在这个实验室中，赵友钦进行了如下步骤的实验：改变孔的大小和形状，即改换阱口的木板；改变光源的形状和强度，即抽减蜡烛；改变像距，即改变大木板高度；改变物距，即拿掉左阱中的桌子，将光源放在阱底。这样，在只有一个条件不同的情况下，进行对比试验，对每个参数逐一进行探讨。赵友钦总结指出：物距、像距、光源和孔窍都影响像的大小和浓淡；在孔大时，所成的像（明亮部分）与大孔形状相同；孔小时，所成的像与光源的形状相同。另外，他还注意到两个参数同时变化时的相长相消现象。

　　这是中国历史上记载最详、规模最大的物理实验，这样大规模的光学实验当时在世界上也是绝无仅有的。

平江石刻天文图地理图勒石

　　北宋天文学家先后六次大规模观测恒星位置，南宋隆庆普成（今四川梓潼东北）人黄裳，根据元丰年间（1078~1085）一次观测资料，绘成星阁，于绍熙元年（1190）进献给嘉王赵扩，同时呈献的还有在木板上绘刻的地理图等七种图，称为"绍熙八图"，永嘉人王致远从蜀中得国底釉，淳祐七年（1247），在平江府（今江苏苏州），他把黄裳所绘的天文团、地理图摹于石碑，以图长久传存。天文图石碑额题"天文图"三字，上半为圆形全天图，直径约九十一点五厘米，以北极为中心，共刻有恒星一千四百四十颗；下半为跋，概述天文知识。它是世界上现存较早的大型石刻实测星图，地图分上下两部分，上部为政治地理图，以阳文刻写诸路和少数军镇的名称，一般地名则用阴文。地名外加长方框，水名则加圆框，山脉用重叠折皱线表示，平行竖线表示森林。地图对中原、江南描绘较为精细，对西北等边远地区的描绘却很简略。下部为题跋。黄裳原跋概述周秦以来各国分合复迁大势及大宋朝创业的艰辛，劝勉嘉王规复失地。王致远短跋说明地理图和其他图的来历、摹刻目的和上刻时间。额题"地理图"。该图高六尺余，宽三点五尺，比《华夷图》精确，在设计上亦颇有独到之处。

宋代龙的雕塑

火药西传

　　火药是中国古代四大发明之一。十三世纪中期，火药武器随着蒙古西征从陆路传入波斯、阿拉伯等地。十三世纪末，制造火药和火药武器的方法由阿拉伯传入欧洲。

　　公元八世纪至九世纪（唐朝中后期），中国医药和炼丹术传入阿拉伯帝国（唐代称大食），那时，制造火药的药料硝石也同时传去了，阿拉伯人称之为"中国雪"，波斯人则称之为"中国盐"，不过他们当时只知用来炼制丹药。从十二世纪开始，火药的制造方法由南宋经海路传入阿拉伯。十三世纪中叶，拔都在萨莱建都，建立钦察汗国，统治俄罗斯诸国，在这期间，契丹文化、蒙古文化渗入了俄罗斯南部的钦察草原，这样，铁火罐内储火药的新式武器通过蒙古人传入俄罗斯，从陆路传入波斯、阿拉伯等地。然后，制造火药和火药武器的方法由阿拉伯人传入欧洲。

宋制釉技术产生突破

上釉，是制瓷过程中一项极为关键的加工工艺，瓷釉的好坏，直接关系到瓷器实用价值和审美价值的高低。因此，釉料的研制就成为制瓷业中颇受重视的一环。中国瓷器发展到宋代，在制釉技术上产生了多项突破，主要表现为：石灰釉开始转变为石灰碱釉，釉质和釉色丰富多彩，发展了铜红釉和乳浊釉，出现了影青瓷、粉青釉、梅子青、油滴釉、兔毫釉以及片纹釉等。

我国青釉早期大都属石灰质，存在着燃熔温度范围较窄，易于流釉等缺点。宋代窑工为使青釉具一种特殊的玉质感，将釉层厚度增加到 1.0 毫米，梅子青甚至厚达 1.5 毫米，在这种情况下，石灰釉不再适用。为适应釉层厚度变化的需要，人们以釉灰代替草木灰，提高了釉中 K_2O 的含量，降低了 CaO 的含量，使石灰釉逐渐向石灰碱釉转变。

这一转变，是宋代制瓷技术上的一项重要成就。

宋代以前，青瓷一直是我国瓷器生产的主流，因为青釉在我国传统高温色釉中占重要地位。

北宋时，铜红釉及乳浊釉的兴起和发展，这种情况才有所改变。铜红釉主要以 Cu_2O 着色，在还原焰中烧成。铜着色能力较强，红釉通

常只含 0.1%~0.3%CuO，此外还含有数量相当的 SnO_2。而且据研究表明，在高温下铜红玻璃熔体常以 Cu^{+2}、CuO、Cu^+、Cu_2O、Ca 五种形式存在，因此窑中温度、气氛的任何变化都可能引起平衡的移动，而呈现出不同色彩来，如青蓝、紫红等。铜红釉属颜色釉，为我国陶瓷美学开辟了新境界。

乳浊釉其色状如乳浊，质地温润如玉。它大约与釉料成分、烧成温度和气氛，以及冷却速度都有一定关系。它是一种二液分相釉，其乳浊现象正是这种分相，以及釉中存在大量气泡而产生的综合光学效应。乳油釉需在低温，以及还原性气氛下经长时间才能烧成。分相过程在 1200℃以下进行，低温既有利于二液分相，也可阻止气绝逸出，最终形成了二相或多相釉，使原来单调的均相青釉有了崭新的变化。

另外，景德镇生产的影青瓷，龙泉窑烧出的粉青釉、梅子青，建窑烧制的油滴釉、兔毫釉等黑釉品种，南宋官窑烧制的片纹釉等，都在制釉技术上进行了创新。在上述种种革新创造中，人们通过改变釉料成分、增加釉层厚度，控制烧成温度和气氛，利用二液分相和气绝的光学效应，利用胎釉不同的膨胀系数等等，创造了多种不同的瓷釉，从而大大提高了瓷器的艺术效果。

宋代制釉技术的多项重要成就，对元、明清瓷釉技术的发展均产生了深刻影响。

宝顶山摩岩造像完成

　　淳佑九年（1249），大足宝顶山摩岩造像完工，宝顶山圣寿寺和摩岩造像开始于淳熙六年（1179），是由蜀中名僧赵智凤在大足（四川大足）主持修造的。赵智凤，大足县米粮里人。宝顶山石刻造像分布十三处，共计有一万多躯，最集中的地区是大佛湾。大佛湾是一幽深的马蹄形山湾，在长达五百米的峭壁上，布列着龛窟三十一间，碑碣七通，题记十七则，舍利塔二座。其龛窟造像主要有：护法神像、西方三圣、千手观音、释迦涅磐圣迹图、九龙浴太子以及十大明王、圆觉洞等。内容多为佛家故事。造像具有浓厚的地方色彩，透露出浓郁的生活气息。宋理学家、大学者魏了翁曾为宝顶山题名，并为其中的昆卢洞篆刻。魏了翁学宗朱熹，与真德秀齐名。由此也可见大足宝顶山摩岩造像在当时的影响。

大足石窟北山转轮径藏窟石雕普贤菩萨像

大足石窟北山转轮径茂窟石雕日月观音像

大足石窟宝顶山摩崖石雕养鸡女像

朱学兴盛的时期

大足石窟北山石雕数珠手观音像

宋朝

1251A.D. 宋潭祐十一年　蒙古海迷失皇后称制三年　蒙哥汗元年

蒙古诸王，大将共立拖雷子蒙哥为大汗，是为宪宗；窝阔台汗子孙皆不平。

蒙古忽必烈至临洮，准备攻蜀。

兀旭烈开始第二次西征。

先后灭木刺夷、阿拔斯王朝，攻占叙利亚。

1253A.D. 宋宝枯元年　蒙古蒙哥汗三年

九月，蒙古忽必烈分三道攻云南，

十月，降摩些，十一月，降白蛮，

十二月，入大理。

普济撰成《五灯会元》忽必烈从八思巴受佛戒。

1256A.D. 宋宝枯四年　蒙古蒙哥汗六年

是岁，蒙古开通云南与西川之路，会师侵宋。

1258A.D. 宋宝枯六年　蒙古蒙哥汗八年

二月，蒙古大举侵宋，蒙哥汗自攻蜀，忽必烈攻鄂，云南之师自交广北上。前锋至蜀，宋西川州县皆降。蒙古旭烈兀西征，平十余国，至是献捷。旭烈兀遂留西方，是为伊利汗国。

1259A.D. 宋开庆元年　蒙古蒙哥汗九年

六月，蒙古败宋援蜀军于江。

七月，蒙哥汗死于军。

八月，蒙古忽必烈督师至鄂州，九月，渡江围之，别军入临江、瑞州。

十一月，蒙古云南军入宋广西，长驱至潭州。宋帅贾似道请划江为界，奉币请和于蒙古，忽必烈许之，急遽北归争位。

1260A.D. 宋景定元年　蒙古忽必烈汗中统元年

蒙古忽必烈称大汗于开平，是为世祖。

蒙古忽必烈汗自将讨阿里不哥，内战以起。

1255A.D.

威尼斯商人尼科罗·波罗与马非阿·波罗兄弟二人于本年赴中央亚细亚，在布哈拉居住三年后，东赴中国，至1269年始返抵欧洲。

1258A.D.

旭烈兀占领巴格达，以毛毯裹哈里发牟斯塔辛姆置于途中，令骑兵踏死之。阿拉伯帝国至是亡。

李杲创补土派

李杲（1180～1251），字明之，晚年号东垣先生，出身于富豪之家。年轻时，他母亲被庸医误治而死，使他决心终身从事医学研究，不惜重金投到张元素门下，继承了张氏脏腑辩证理论和崇尚温补的学术特点。成为易水学派的重要医家，并开创了补土派这一重要的医学派别，对后世产生了巨大影响。

李杲对脾胃有独到而精深的研究，特别重视对其生理功能的研究。他指出，元气是健康之本，而脾胃是元气之本，脾胃之气受伤，元气得不到充实，是导致多种病变的原因，提出"内伤脾胃，百病由生"的著名论点。认为脾胃是气机升降的枢纽，也是生命活动的关键，脾主升，胃主降，脾胃升降正常与否决定了人的健康状况。他把脾胃损伤归结为饮食不节，劳役过度，情志所伤三方面的原因。认为饮食不节则伤胃，胃病则气短，精神少，生大热；劳役过度则脾病，脾病则身体倦怠，大便泄泻；情志所伤则心火元盛，进而损伤脾胃，变生各种疾病。针对其病因和病机，李杲采用补三焦元气，以补中焦脾胃为主，创制了一系列利脾升阳的有效方剂，益胃、温胃、补中是这一理论在临床实践中的具体应用。此外，他对脾胃内伤所造成的发热即"内

伤热中证"的诊断和治疗也相当有效，也是其对医学发展的一大贡献。
通过对脾胃生理功能及脾胃内伤的病因、病机、鉴别诊断、治疗方药
的阐发，形成了系统的脾胃学说，具有深远的理论及临床实践意义。
由于脾胃在五行上属土，因而被称为补土派。

宋于三学内立碑禁议国政

宝祐四年（1256）冬，理宗下诏在三学内立碑，禁止学生"妄议国政"。
理宗后期，权臣误国，邪气嚣张。朝中官员但求自保，多闭口不评政事。
只有太学、武学、宗学诸生多次上书请愿，指陈时弊。

淳佑四年（1244）九月，右丞相史嵩之父丧，按礼应守丧三年，
朝廷却下诏马上恢复其相位。内外大臣无人敢言。太学生黄恺伯、金
九万、孙翼凤等一百四十四人却大胆上书，指控史嵩之种种劣迹。接
着，武学生、京学生、宗学生也纷纷上书。有的官僚主张开除鼓动诸
上闹事的"游士"，理宗也觉得学生太过分了。但将作监、徐元杰对
理宗说，正论是国家的元气，现在正论幸好还在学校，应当珍惜它。
最后，史嵩之自知不为公论所容，只得离职守丧。淳佑十二年（1252），
武学生联名为一病故的学生求取棺木，临安府尹余晦却派人强行验尸，
使尸体暴露两日。武学、太学、宗学学生伏阙上书抗议，并卷堂散去，
举行罢课，终于被迫使余晦辞职。在此前后，太学生又因为临安府不

085

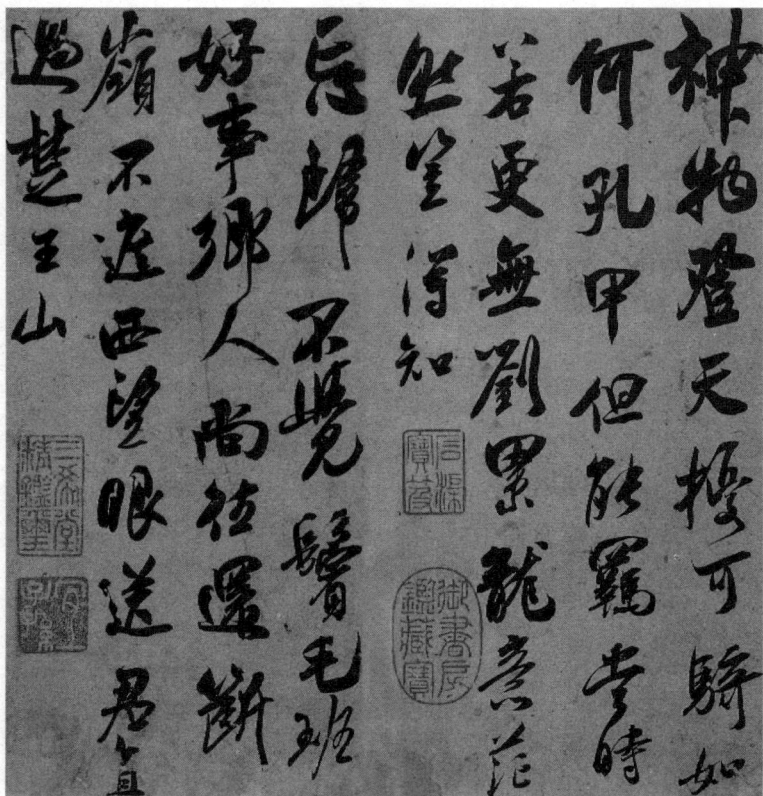

南宋吴琚《杂诗帖》书法作品

准使用青盖和皂盖，而群起控告府尹程覃。因宰相置之不理，太学生便把绫牒（学生证）放到崇仕堂，全部离开太学。理宗署免了程覃的官职，诸生才返回学斋复学。

宝祐四年（1256）六月，权臣丁大全擅自调兵驱逐丞相董槐。太学生上书控告丁大全，理宗虽然觉得丁大全的行为不对，却也不满学生上书，就下诏宣布：朝臣的用废，权力是由皇帝掌握的，学校没有资格过问；学官应该劝告学生，要安下心来读书，完成学业。

董槐罢相后，丁大全更加专横。同年十一月，太学生陈宜中、刘黻等六人再次上书指责他。丁大全恼羞成怒，通过理宗下诏，严令学官遵循"祖宗学法"，亦在三学内立碑，严禁学生妄议国政。陈宜中等六名太学生被开除学籍，流放远州，被时人称为"六君子"。

中国式桥梁进入全盛时代

宋代是中国古代桥梁发展的全盛时期。这一时期不仅建造的桥梁长度是空前的，而且桥梁品种更加多样，造桥技术日臻完善。最长的石墩梁桥，配以廊屋的木桥、无柱"虹桥"，以及直立固基的石桥等，这些在世界桥梁史上也占有一席之地的桥梁都是这一时期的杰作。

石墩梁桥进入宋代以后已臻成熟，当时制造的这类桥梁有的至今还在使用，如南宋宝祐丙辰年（1256）建的浙江绍兴的八字桥、北宋嘉祐四年（1059年）峻工的福建泉州市的洛阳桥等。南宋绍兴二十一年（1138年）建成的福建省安海湾上的的安平桥，全长五华里，是最长的石墩梁桥。

宋人在造桥时，为防备雨水浸糟木梁和供过桥人躲避风雨，还别出心裁地在桥上建有廊屋。如浙江省龙泉县建安镇的永和桥，长一百二十五米，是一座木伸臂廊屋桥，飞架于河水之上、远远观之尤如空中楼阁。这种桥型在当时是中国的独创。桥梁结构形式的我国独创的还有汴水虹桥。在汴河上建造跨距近 20 米的木拱无柱"虹桥"，始于宋仁宗时期，这种桥桥身为 21 组拱型木构架并列构成，即木构架用粗壮圆木作拱骨，以 2 根长拱骨和 2 根短拱骨组成的拱和 3 根等长

福州晋江县安平桥，桥长 2070 米，是中古时代世界最长的架式石桥。

安平桥鸟瞰

始建于南宋的绍兴广宁桥，桥洞西望可见大善塔，形成绝妙的对景。

的拱骨组成的拱交替排列。分布横贯全桥面宽度的横木5根，它们联系各拱骨，保证了桥的横向稳定。所用结构用捆绑或某种铁件联结，又在每根横木端郎钉有长方形木板一块，上画兽头，以保护木端。在拱骨上横铺桥面板，顺拱势到拳边呈反复曲线，使桥面柔顺，增加了桥的美观。为了承重拱桥对两岸的推力，以"叠巨石固其岸"（《绳水燕谈录》），即用方正的条石砌筑桥台，台前留有纤道。整座桥的设计精细周到，堪称当时的世界先进水平。

泉州洛阳桥又称万安桥，在晋江、惠安两县交界处的洛阳江入海处，桥长为360丈（约1200米），宽1.5丈（约5米），桥孔47个，每孔石梁7根，每根长11.8米，宽0.5～0.6米，厚0.5米；桥墩因潮汐涨落，前后作出分水尖，每根石梁重达1吨多，传说当时的建桥方法是抛石为基，退潮时筑桥墩，用木排浮运石梁，再利用潮水的涨落架设石梁。不过洛阳桥建造时最为人称道的是采用了"种蛎于础以为固"（《宋史·蔡襄传》）的方法。当时，因石灰浆遇水不能凝固，为将石块胶成整体，免受海潮冲散，便采用植蛎胶固的办法，不仅解决了施工困难并使块石胶固成筏形基础，这是中外桥梁史上的伟大创造。

另外，江苏苏州市东南的平江宝带桥，利用单向推力墩的科学方法，建成一座多孔薄墩联拱式桥；潮州海阳县的广济桥采用浮桥开关式建成一座石梁桥；这些在当时也都是运用先进造桥技术而留下的佳作。总之，在宋代，特别是在南方，由于经济水平的发达，江河湖泊的繁多，水陆交通的便利，各种贸易的发展使桥梁建筑技术呈现出了高超的水平。

宋南方水田耕作体系形成

宋代，我国南方水田生产技术有很大提高，南方水田精耕细作技术体系在此时期形成。

随着农具的改进和农业生产集约程度的提高，耕作栽培技术进一步趋向精细化，整地、育秧和田间管理三方面相辅相成，形成了一个技术整体，奠定了中国南方水田精耕细作的技术基础。

整地技术可分作秧田、冬作田和冬闲田的整治。《陈旉农书·善其根苗》篇详细介绍了秧田整治的过程，强调"再三深耕之""再三耕耙转""田精熟了，乃下糠类"等。冬作田的整治，一般都采用"平沟畎，蓄水深耕"的办法。对于只种一熟稻的冬闲的整治，大致采用两种方法：一是干耕晒垡，一是干耕冻垡。前者主要用于土性阴冷的地区或山区，具体来讲，就是"经冬深耕，放水干涸。雪霜冻冱，土壤苏碎"，一到春天，"又遍布朽腐草败叶，以烘冶之"，通过晒垡和熏土来提高土温，后者主要用来平川地区，这种方法即"平耕而深浸，即草不生，而水亦积肥矣"。

《陈旉农书·善共根苗》篇深刻论述了培育壮秧的重要意义，说：

"凡种植先治其根苗，以善其本。本不善而末善者鲜矣。"指出培育壮秧的关键是：及时种植，择地正确，用粪得理。而且要勤于管理，加上移栽得法，就能取得丰收。反之，如果开始秧苗就生长瘦弱，即使花很大力气，也难以取得高产。在培育壮秧的具体措施方面，宋代已经积累了不少经验，如关于播种期的掌握，秧田水层管理，稻秧移栽时间等等。关于秧田水层管理，《陈旉农书》提出要注意三方面：要重视水质；要根据天气阴晴来决定水层的深浅；在遇到非常天气时，要采取紧急措施。我国传统插秧方法，基本定型于宋代，其要求有：拔秧时用力要轻，尽量少伤秧根；拔秧后，洗掉根上之泥，去除杂草；要小捆来扎；每兜株数、行距、穴距都有具体规定。宋代发明了"秧马"，可以缓解插秧的劳累和预防打洗秧根时在足腿上造成疮痍。

稻田田间管理，主要措施是耘、耥和烤田。在宋代已很重视根据地势高下来耘田，《陈旉农书》说，耘田"必先审度形势，自下及上，绽干旋耘，先于最上处蓄水，勿改走失，然后自下旋放令干而旋耘"。关于烤田，宋代提倡重烤，在措施上采用开沟烤田方法，以保证田土烧得透。耥田，是稻田中耕除草技术，到六代时才在江、浙一带首先出现。

耀州窑系形成

宋代北方青瓷的著名产地，是耀州窑，当时北方民窑青瓷便以耀州窑为代表。耀州窑始烧于唐代，在烧青瓷的同时，还烧白瓷、黑瓷、釉下彩、唐三彩等。北宋时期以烧青瓷为主，因其釉色青绿闪黄，故叫"姜黄釉"，以刻、划、印花草树木、鸟兽虫鱼及人物等纹样来装饰。北宋前期耀州窑曾一度仿烧越窑青瓷，如仿越窑同类装饰而作浮雕莲瓣纹饰。但随着刻花装饰达到成熟阶段，耀州印花青瓷也逐渐流行，并对陕西、河南、广东、广西等省瓷窑产生很大影响，从而形成了耀州窑系。

耀州窑系瓷器的特点首先表现在高超的拉坯技术，耀州窑青瓷造型多种多样，即使是一些制作难度较大的器物，如瓜棱瓶、十二瓣瓜棱碗、十六瓣菊瓣盘等，拉坯时也能做到瓜瓣距离既匀称又和谐，而且器底修坯规整，正如碑中所说："转轮就制，方圆大小，皆中规矩。"

耀州窑青瓷刻花具有刀锋犀利、线条洒脱的特色，在宋代刻花装饰中堪称一流。耀州窑刻花题材丰富，以花卉最为常见。牡丹是常用的装饰题材之一，常出现在瓶、盘、碗、罐等器物上。海水游鱼纹也比较多见，在碗里用熟练的技法刻上几刀，三条鱼就出现在碗壁上，

耀州窑青釉刻花瓶

耀州窑青釉印花碟

耀州窑印花枝菊花碗模

陕西铜川耀州窑遗址

再用篦状工具划出海水作衬托，在漩涡中三条鱼悠然自得地游弋，栩栩如生。婴戏纹也是耀州印花青瓷经常采用的题材，故宫博物院收藏的一件婴戏碗，其装饰主题的一胖娃，寥寥几刀就完成了胖胖的男娃形象，又以缠枝花三朵围绕，更觉相得益彰。莲塘游鸭题材也颇具艺术效果，两只游鸭在莲池中追逐，刻画在不大的天地里，足见匠心。

浮雕牡丹狮流壶另具一格，壶的造型是典型北宋时期的式样，壶主体突出一朵牡丹，辅以枝叶。因用浮雕技术处理纹饰，故有极强的立体感。这种壶原被国外视为东窑作品，后来发掘耀州窑时有这种壶出土，由此可见是北宋时期耀州窑作品。

耀州窑青瓷器形以生活实用器皿为主，造形浑厚，纹样潇洒犀利，充分体现了民间艺术朴实健康、活泼开朗的精神风貌，因其成就突出，北宋时曾被宫廷选中而造贡瓷。据《元丰九城志》及《宋史》记载，神宗元丰及徽宗崇宁时，耀州窑场烧贡瓷。自此，耀州窑系的影响更加广泛而深远。

宋蔬菜品种增多

　　宋代，农业生产较前代有了很大的进步，特别是在蔬菜种植业方面。首先表现在种植面积方面，北宋的都城开封附近，所有土地都种上了蔬菜，南宋临安城的蔬菜种植面积，更为扩大，大有超过粮食种植面积的趋势。蔬菜种植的专业也明显，很多地区已开始生产地域性很强的蔬菜品种，如安徽铜陵罗家洲就以生产萝卜而闻名。除种植面积和蔬菜专业化外，在宋代蔬菜种植方面最突出的成就还要算是蔬菜品种的迅猛增加。

　　宋代发展最快的蔬菜当属"菘"，即为白菜。菘原产北方，汉魏年间逐渐传到南方，在宋代时已成为南北方人民最为通用的蔬菜品种。宋代菘的品种多样，据《临安志》所载，就有苔心、矮黄、大白头、小白头、黄芽等等。在所有的品种中，以扬州产的菘最为有名，菜体硕大，最重的高达十五斤，最轻的也有八九斤，其中有一种，"叶大而圆，或若蒪，啖之无味，绝胜他上者"，这是指白菘，还有一种牛肚菘，"叶最大厚，味甘"。

　　除白菜外，竹笋在宋代也很普遍，并且积累了丰富的有关竹笋的采收、食用、收藏等方面的经验。食用菌在宋代的品种也很多，仅浙江台州地区就有松蕈、竹蕈、麦蕈、玉蕈等十一个品种，另外，南宋时期蔬菜品种据历史所载的就有三四十种之多，如芥菜、菠薐、莴苣、韭、葱、大蒜、紫茄、黄瓜、葫芦、冬瓜、山药、萝卜等等。

　　宋代时期蔬菜品种的繁多以及其他种植技术的创新，极大地丰富了当时人民的生活，是当时发达农业的一个显著特征。

宋私家藏书兴起

　　宋代，由于雕版印刷术的普及应用，各种印刷方法相继出现，印本书呈大规模增长趋势，中国古代藏书走向了全面发展时期。除庞大的官方藏书体系外，私人藏书在当时也逐渐兴起，出现了很多著名的具有丰富个人藏书的藏书家，如北宋的司马光、宋敏求，南宋的陈振孙、尤袤、罪公武等。随着私家藏书的增多，私家藏书目录也随之兴起，成为中国古典目录中的重要组成部分，当时比较有影响力的目录有《直斋书录解题》《郡斋读书志》等。

　　《直斋书录解题》是由南宋藏书家陈振孙所撰写。陈振孙（约1183~约1262），字伯玉，号直斋，安吉（今浙扛吴安）人。早年在江西、福建及浙江任地方官时，就致力于访书、购书，晚年升任国子监司业，使他更有机会见到国子监、秘书省、宝章阁的许多珍贵书籍，并继续

搜求书籍，累积藏书高达5万余卷，成为当时最大的藏书家。他历时20年，撰写《直斋书录解题》，内著录图书3096种，51180卷，全书共分56卷，按经、史、子、集顺序编排，无总序、大序，仅语孟、时令、诏令、章奏、小学、阴阳、音乐七类有小序。该书是第一部以"解题"为书名的目录，其"解题"就是在书名之下记载篇帙、版本、作者等事项，并评论图书的得失，这种解题体例很为后人推崇。

《郡斋读书志》是现存最古老的一部中国私家藏书目录，由南宋著名藏书家晁公武于绍兴二十一年（1151）所撰写。晁公武（约1105~1180），字子止，济州钜野（今山东巨野）人。晁公武很博学，曾撰《易》《春秋》等训诂传，还根据国子监刻的九经核蜀石经，撰写成《石经考异》，曾任四川转运使井度的属官，在任期内极力辅佐井度，帮助井度写书、刻书和编书，深得井度重视，井度晚年遂将自己多年珍藏的图书全数赠送给晁公武，使晁公武瞬间成为大藏书家。再加上自己原有的图书，晁氏共拥有藏书高达24500种，对这些藏书晁氏一一核注，录其旨要，撰成《郡斋读书志》。全书分经、史、子、集四部，44类，总序之外，四部均有大序，小序则混入每类第一部书的提要之内，每书都撰有提要，或介绍作者生平，或讨论书中要旨，或论述学派渊源，或分析篇章次第，比较偏重于考订。《郡斋读书志》在目录体系和提要方面，具有首创之见，对后世的一些目录具有很大的影响。

除《郡斋读书志》和《直斋书录解题》外，南宋比较著名的目录还有尤袤撰写的《遂初堂书目》，尤袤（1127~1194），字延之，无

103

锡人，南宋绍兴十八年（1148）中进士，后任秘书丞、礼部尚书，是当时有名的"公卿名藏书家"，他撰写的《遂初堂书目》是中国现存最早的著录版本的书目，全书共收图书3000种，分为44类，其中经部9类、史部18类、子部14类、集部3类。所收录的图书，一般只记其名，而不记录其作者姓名及卷数，更多的注意力是放在对图书版本的著录方面。他制订出区分版本的不同标准。如以刻书地域分，有江西本、吉州本及湖州本；以时代分，有旧监本、旧杭本及新杭本；以刻书机构分，有监本、家刻本及官刻本；以版刻行款分，有大字本、小字本之分，等等。《遂初堂书目》可称得上是我国版本目录的开山之作。

　　宋代私人藏书的丰富及私家藏书目录的兴起，反映了当时文化学术的发展水平，对于中国古代文化的保存和传播均起到了重要的作用。

钓鱼城建成

在南宋后期的抗元战争中，四川安抚制置使余玠等人在四川建立了一个完备的山城防御体系，采取"守点不守线，联点而成线"的办法，以重庆为中心，沿嘉陵江、沱江等两岸，构筑了 20 座山城，其中规模最大，最具典型性，同时也最为重要的，当首推钓鱼城。

钓鱼城是合州（今四川合川）州治所在地，位于重庆西北 70 余里，地势险要，嘉陵江、涪江、渠江于此会合，控制着三江上游的广大扇形地区，屏蔽着战略要地重庆。钓鱼城三面环江，一面靠山，易守难攻，是理想的筑城防御地点。钓鱼城的建立在军事筑城史上写下了光辉的一页。城内军事设施齐全，依托悬岩建有内外两道城墙，外城城墙周长 12 里，高约 2 丈，8 道城门都是双层拱门。城的南北两面修筑有一条延伸到嘉陵江边的一字街，隔断了东面丘陵到江边的通道，以确保水师及水师码头的安全，便于水师阻止敌方渡江。江岸建有水师码头，城内建有武场、营房以及供百姓日常生活之用的设施，如居民住宅、寺庙、仓库、园林庭榭和 10 多处水源。城中戍军派兵护耕，实行耕战结合，钓鱼城成为一个城池坚固，粮草充足，能够长期坚守的牢固堡垒。

朱学兴盛的时期

南宋的金娃娃

　　余玠等所构筑的那些山城与以往的驻兵山寨不同，既是军事要塞，又是当地的政治、经济中心。每个山城都是耕战结合的基本单位，战时御敌守境，平时耕种聚粮。这些山城一般坐落在天然险固的山峰上，周围有田可耕，有水可饮，又大多依凭江河，可以借助水势增加山险，又能依赖水运沟通与外界的往来。各个山城之间相隔不远，互为视角，相互呼应，形成了一个纵深防御体系。

　　这些山城的构筑体现了当时城防设施的进一步完善。北宋时期，由于大规模地修筑城寨，城防设施就日益完备。到南宋时期，火器大量应用于攻城战，其破坏力大增，这客观上促进了防御手段的发展，相应地产生了各种类型的坚固筑城方式，以适应新的情况，使城市固若金汤。

火器登上历史舞台

宋代，火药火器开始应用于军事领域，登上战争舞台，中国兵器开始进入一个新的历史时期，战争史也从此进入冷兵器和火器并用的新时代。

《武经总要》一书中，记载了当时使用的火器，有火箭、火炮、火药鞭箭、引火球、蒺藜火球、霹雳火球、烟球、毒药烟球等十余种，但是，北宋时期的火器基本上还是燃烧性火器，利用火药的燃烧性能，并掺杂一些发烟和毒性药物，用以焚烧敌人的防御设施和军用物资，对人马起震惊和阻碍作用，杀伤力很小。到南宋时期，火器有了很大的发展，爆炸性火器正式出现，管形火器也随之应用于战场。宋代的火器可分为燃烧、爆炸和发射等三类。宋代燃烧性火器名目多样，就其性能而言，主要是燃烧，并兼有烟幕、毒气、障碍、杀伤等不同的作用。一般是用烧红的烙锥发火，利用弓弩、抛石机抛射或人力投掷，后来发展到绑附在长枪上喷射，按其使用方法的不同，又可分为火箭、火枪、火球等三类。利用弓弩发射的火箭，在两宋时曾广泛使用于战场，是用纸把火药包装成球形或卷筒形，绑在靠近箭镞的箭杆上，使

南宋银盖瓶

109

南宋八卦银杯

用时先点火，然后射向目标，引起燃烧。火枪在南宋时极为盛行，它是用一两个纸筒或竹筒装上火药，缚在长枪枪头的下面，与敌交锋时先发射火焰烧灼，再用枪锋刺向对方。火球类火器包括各种火球、火炮以及火砖、火桶等，一般用抛石机抛送，也可用人力投掷，其性能，具有燃烧、毒气、杀伤、障碍、烟幕等不同的作用。

爆炸性火器在火药不断改进的基础上产生，经历了一个由纸弹、陶弹到铁弹的发展过程。在北宋的燃烧性火器中，已经有了爆炸性火器的萌芽，如霹雳火球，到南宋时，霹雳火球发展而来的霹雳炮已经常用于作战。南宋还曾大量仿制金军发明的震天雷，又叫铁火炮。

利用火药的爆炸性能以推送弹头的发射性火器，出现在南宋初期。绍兴二年（1132），陈规守德安时，发明了一种火枪，用巨竹做枪筒，内装火药，临阵点放，这是世界上最早用于实战的原始管形火器。开庆元年（1259），寿春府（今安徽寿县）军民创造了一种叫做突火枪的管形火器，虽仍很原始，但已是真正射击性管形火器，具备了管形火器所应具备的基本要素：身管、火药和子弹，为后来金属管形火器枪、炮的发明奠定了基础，在中国兵器史，以及世界科技发展史上都占有重要地位。

火器出现之初，军队只是在原建制内增加携带火器的火器手。随着火器的增多，使用火器的人数也相对增多。北宋初年，火药火器已经批量生产并开始装备部队。神宗时，火器在当时的武器装备中占有了一定的比例。到南宋中后期，火药火器在兵器中的比重大大增加，理宗时，一些军事重镇都设有火器制造工场。自北宋末期到南宋前期，

111

火器一般只应用于城市的攻守，到南宋中后期，火药火器已普遍使用于野战和水战之中。

火药火器的应用与发展，促进了军队新兵种炮兵的产生。唐以前的炮主要是抛射石弹，到了宋代以后，炮还用来抛射石弹。宋代的炮已成为战争中不可缺少的重火力而广泛应用于各种作战之中。随着火器威力的日益提高，操作技术的渐趋专业化，炮兵也就从过去那种步炮混合编组中脱离出来而成为独立兵种。宋代炮兵成为我国乃至世界上最早出现的专业炮兵。

1261～1270A.D.

宋朝

1261A.D. 宋景定二年　蒙古中统二年

七月，蒙古设翰林国史院，并修辽金史。

十一月，蒙古忽必烈汗自将大破阿里不哥。

杨辉著成《详解九章算法》。

1262A.D. 宋景定三年　蒙古中统三年

八月，蒙古以郭守敬提举诸路河渠，自是大兴水利。

是岁，旭烈兀拟进攻埃及为怯的不花复仇，金帐汗别里哥遣兵袭其后，旭烈兀大败，蒙古在西方之两大汗国自是内讧不休。

1267A.D. 宋咸淳三年　蒙古至元四年

回回历《万年历》编成。

1268A.D. 宋咸淳四年　蒙古至元五年

三月，蒙古罢诸路女真、契丹、汉人为达鲁花赤者，其回回、畏吾儿、乃蛮、唐兀人仍旧。

八月蒙古围襄阳。

1269A.D. 宋咸淳五年　蒙古至元六年

二月，蒙古颁行八思巴所创新字。

三月，蒙古围宋攀城，宋军拒战，大败。

1270A.D. 宋咸淳六年　蒙古至元七年

蒙古遣兵入高丽，立行省，设达鲁花赤监其国。

五月，宋四川军与蒙古军战于嘉定、重庆，皆败。

1264A.D. 牛津大学学院制约在此时形成。

1267A.D.

法兰西路易九世决定再组十字军。

1268A.D.

神圣罗马帝国康拉德四世子康拉丁应意大利季卑林党召，率兵万人入意，战败后为安茹伯查理所俘，得教皇克雷门特四世之同意将其斩首。

1269A.D.

十三世纪中叶前后，法国国王遇有重要事件，除召集僧侣与贵族商讨外，亦间常召集有关城市之市民代表参加。此类会议被称为"三级会议"。

1270A.D.

第八次十字军参加者有法王路易九世、英国亲王爱德华与拿波里王查理。

宋实行公田法

南宋末年，由于蒙古军的不断入侵以及南宋统治阶级残酷的剥削与政治压迫，财政经济危机日益加剧。疆上日蹙，民穷财匮，军队的不停扩充，国家处于内忧外患中。

景定四年（1263）二月，临安知府刘良贵、浙西转运使吴势卿献策买公田，贾似道让台谏官上书请行祖宗限田制度，即按官品规定占田限额，官户过限田地，抽三分之一买充公田。如买得一千万亩，年收租米六七百万石，可免和籴、可以饷军、可以停造楮币、可平抑物价、可安富室。理宗见有这么多益处，下诏买公田，设置官田所，由刘良贵提领，负责执行，先在浙西四路实行。

公田法一出，就有官员上书指陈其中弊端。理宗见事关重大，下诏缓期施行。但贾似道以辞职相要挟，并献出自己在浙西的一万亩田地充作公田，以为提倡。接着，贵族、大臣中也有人献田或自动投买，于是朝中无人再敢反对。

到当年六月，浙西平江、嘉兴、安吉、苏州、镇江、江阴六郡，共买得公田三百五十多万亩。最初，只买官户过限之田的三分之一，后来扩大范围，并转为摊派，除二百亩以下免买外，其余各买田地总

宋代江山放牧图

额的三分之一，最后连百亩之家也不能幸免。地价按地租数折算，租一石，付给第十七界会子二百贯，后来付给十八界会子四十贯。浙西良田有值一千贯的，也按四十贯收买，或者只给一些毫不值钱的度牒和官诰折价。因而，浙中民户破产失业的很多。一些买田官吏为多买邀功，不惜使用肉刑，害民尤甚。

第二年三月，公田收买完毕后，设立四个分司专门管理。每年设置官庄一所，庄官由富豪担任，负责收租和发运租米。按规定，公田地租较原私人地租减少五分之一。但实际上，由于官吏及庄官从中舞弊，不少公田地租要高于私人地租。

南宋后期，国家财政的很大部分就建立在这类经济掠夺政策之上。咸淳四年（1268），又废了庄官，改召富户承佃公田，形成官府、佃主、佃户 3 级租佃关系。

宋德祐元年（1275），南宋危在旦夕，罢免贾似道后，为了安定民心，朝廷不得不在三月把公田尽还原主，而且不要当初所付款项，希望田主率租户为兵，抵抗元军。

禅宗编成《五灯会元》

南宋年间禅宗临济宗僧人普济编成《五灯会元》一书，共 20 卷，汇集了从禅宗传说的过去七佛到唐、宋时期各派禅僧的语录，是研究禅宗思想发展的重要史料。

"五灯"系指五部禅宗灯录：北宗法眼宗道原的《景德传灯录》；北宋临济宗李遵勖的《天圣广灯录》；北宋云门宗惟白的《建中靖国续灯录》；南宋临济宗悟明的《联灯会要》及南宋云门宗正受的《嘉泰普灯录》。这五部灯录共 150 卷，内容上诸多重复。《五灯会元》合"五灯"为一书，叙录简要，按禅宗五家七宗的派别分卷叙述，七宗源流本末一目了然。《五灯会元》删去了"五灯"中拈古、颂古等内容，保留了宋末之前著名禅师"机缘"语录，禅家的机锋、话头与棒喝指点莫不备载。

《五灯会元》集禅宗语要，叙禅宗谱系，扬禅家风格，从七佛叙起，次及西天宗师、东土宗师，四祖道信以下按禅宗派别分述各派宗师的生平事迹以及与门下的机锋禅偈。《五灯会元》既是禅宗语录，其文字自然显示禅家教外别传、以心印心的特色，所以门外人读来费解，

117

如记平田普岸禅师创平田禅院，上堂说："神光不昧，万古徽猷。入此门来，莫存知解。"有僧参拜，师便打一柱杖，其僧近前把住柱杖，师说："老僧适来造次。"僧却打师一柱杖。师说："作家！作家！"僧便礼拜师。这一段师徒对话也许只有他们师徒二人了解其中禅味，外人不得知解。《五灯会元》中这样的对话比比皆是，禅师们正是通过棒喝的方式破除弟子头脑中的文字障碍，教人摒弃文字，直见本心。因此，禅宗语录虽然难懂，但其中充满智慧与幽默，读后亦发人深省。

　　《五灯会元》集录了各派禅师擎拳举指、竖排拈槌的教化工夫，显示禅家一问一答、一唱一提、一默一言、一吁一笑的禅机妙用，叙录虽简，要点悉备，元明以来，好禅人士多收藏此书，"五灯"单部遂少流通。

贾似道行"推排法"

　　南宋景定五年（1264）九月，贾似道奏请在各路实行经界推排法，目的在于厘正田税隐漏。朝廷决定第二年在全国推行。

　　经界推排法简称"推排法"，与以往经界不同，并不履亩丈量，而是以县统都，以都统保，依据嘉定年间（1208~1224）的经界籍账逐段检核其步亩有无期隐，选任富厚公平的人，核实田亩税色，订正田主、佃户变动情况，记入图册，使民有定产，产有定税，税有定籍。

　　当时，乡都之官多的豪家大姓，由他们执行清查任务，核实产业赋税亦不完全真实，只有一般贫弱民中因为没有财势，尺地寸土都有税，那些富弱户甚至被虚加赋税，这样一来，民力更加困竭。

　　到咸淳四年（1267），江南推排基本就绪。

《佛祖统纪》成书

南宋理宗宝祐六年（1258），天台宗僧人志磐为了整理佛教历史，使之系统化，开始着手撰写《佛祖统纪》，论述佛教天台宗的源流，到度宗咸淳五年（1269），这部书就写成了。

《佛祖统纪》以两部书为基础，这就是南宋时景迁的《宗源录》和宗鉴的《释门正统》。志磐以这两部书为蓝本，仿照史书的经传体和编年体，加以增编，写成该书。其中"本经"记载释迦牟尼及天台宗所奉西土二十四祖、东土十七祖传；"世家"记载诸祖傍出诸师传；"列传"记载知礼法系诸师传；"表"为天台宗传教年表和世系表；"志"记载天台宗所有著述的目录及其他诸宗史料。

《佛祖统纪》奉天台宗为正统，也记录佛教各宗的创教简史和历代佛教事迹，是研究中国佛教史的重要文献。

大足宝顶山小佛湾灌顶坛金刚神右壁千佛像，各像姿态变化多样，栩栩如生。

朱学兴盛的时期

大足宝顶山小佛湾灌顶坛金刚神右壁千佛像，各像姿态变化多样，栩栩如生。

宋人在印度建中国式砖塔

宋代，天竺与中国的友好往来一直持续不断，印度的佛教对中国古代的文化思想曾发生长期的影响。

后来由于夏国的阻隔，经过西域的陆路交通不太方便，两国间的使臣、僧侣、商人的往来改由海路为主。

这样，宋朝廷在泉州专门安置南毗商人长期居住，天竺各国也在各自的港口为中国舶商安排食宿，提供转往大食（阿拉伯国家）必备的小船。

沙里八丹（今印度泰米尔纳德邦纳加帕蒂南）为注辇国的重要港口，气候温暖，当地人沿海而居，专事珠货的转贩互易。只要是沿海风势不顺的时候，中国的舶商便多在此停靠。

宋咸淳三年（1267）八月，宋朝航海者依照中国传统修建了一座四方形四门砖塔，并勒石刻书。

这座塔为密檐式，装木质楼板用于登临。作为一座木结构砖塔，该塔具有典型的中国风格，与天竺本地的建筑形式完全不同，当地人将它看成是一座非常有趣味的建筑物，俗称中国塔。这座塔早已成了两国文化交流的象征。

江湖派浪迹江湖

南宋末年，兴起了一个诗歌流派，名称为"江湖诗派"。江湖诗派的诗人，大多是一些落第的文人。他们在功名上不得意，只得流转江湖，靠献诗卖艺来维持生活，也有一些是幽居终生的隐士。

江湖诗人之所以以江湖为标榜，也表现在他们的作品中，作品表现了他们不满朝政，发泄不满，指斥权贵。如刘过的《题多景楼》、敖陶孙的《中夜叹》、刘克庄的《开濠行》《苦寒行》等都是江湖派的代表作。

诗人兼书商陈起陆续创了许多江湖诗人的集子《江湖集》《江湖前集》《江湖后集》《江湖续集》（江湖派也因此而得名），将南宋中后期的一些诗作赖以保存。诗集收录了江湖派诗人的代表人物刘过、姜夔、敖陶孙、戴复古、刘克庄等人的诗。

江湖诗派的诗人虽然以他们的身世同为一个派系，但他们各自的思想倾向、艺术风格及文学主张并不相同。如天台黄岩（今浙江黄岩）人戴复古（1167~1252）长期浪迹江湖，毕生致力诗歌创作。他常以诗

抒写忧国忧民的情怀,又主张"论诗先论格",不肯滥为应酬诗,其诗风、创作继承陆游,其艺术成就远在其他江湖派诗人之上。

　　另一位江湖派诗人莆田(今福建莆田)人刘克庄(1187~1269)也继承了陆游爱国主义传统的思想,同时也是成就最高的辛派词人,他的词不受格律限制,有议论化、散文化偏向。而鄱阳(今江西鄱阳)人姜夔(约1155~约1221)诗风清妙秀远,词格律谨严,风格清幽冷峭,只不过格高意浅,内涵不及上述两人,显得贫乏了些。

　　江湖派诗人的主要成就表现在古体诗和七言绝句上。他们不满江西诗派堆砌典故、炫耀学问,力求平直、流畅;又不像"永嘉四灵"专守律体。许多人喜欢仿古体乐府及在绝句上下功夫,长于炼意。

法常画法自然

南宋末年，画家法常和尚泼墨、焦墨并用，湿笔燥笔兼备，纵横恣肆，脱略细节，任其自然，尽求物象神髓，于画坛独树一帜。

法常（生卒年不详），号牧溪，四川人，南宋理宗、度宗时（1228~1274）为杭州西湖长庆寺僧人。他秉性正直，蔑视权贵，曾因出言攻击权奸贾似道而受到追捕，不得不逃避到绍兴丘姓家。元吴大素《松斋竹谱》说他"圆寂于至元间"。

法常绘画以水墨为主，上承梁楷画法的余韵，技法更加娴熟。据说他"喜画龙、虎、猿、鹤、禽鸟、山水、树石、人物，不曾设色，多用蔗渣草结，又皆随笔点墨而成，意思简当，不费妆缀，设松竹梅兰，不具形似，荷芦俱有高致"（吴大素《松斋梅谱》卷十四）。他的风格是随笔点墨，意思简当、形神俱备，脱略于一般形似，笔墨自然而无雕琢之弊。

法常的传世作品很多，现珍藏于日本的有《观音图》《猿图》《鹤图》《罗汉图》《松树八哥图》五件真品，国内还有他的《写生蔬果图》《花果翎毛图》等。

《猿图》，法常画。

流传于日本的真品是南宋理宗时来华的日本僧人带回的。尤其是猿、鹤、观音三图更为其中精品。观音仪态端庄，面容祥和；鹤之轩昂悠闲，高脚灵跷；子母猿亲密相依，平静栖息于枯枝之上。皴染间用，墨法滋润，具有很强的表现力。

法常善画佛像、人物、山水、花鸟，画艺广博。但他在元初时还不能为时人看重，夏文彦斥责说他的画"粗恶无古法，诚非雅玩"。然而他的作品在日本却被视为"国宝"，对日本的水墨画影响很大。

杨辉从事数学教研

杨辉，字谦光，钱塘（今杭州）人，南宋末年著名的数学家。他的数学著作相当丰富，主要是针对古代数学著作的收集整理，计有 5 种 21 卷，有《详解九章算法》12 卷，《日用算法》2 卷，《乘除通变本末》3 卷，《田亩比类乘除捷法》2 卷和《续古摘奇算法》2 卷，其中后三者又一般合称为《杨辉算法》。

《详解九章算法》是杨辉从《九章算术》的 246 问中选取 80 问进行详细解答，包括解题、细草和比类，其中解题就是解题意和名词术语，细草指图解算和草，比类即选取新的例题与《九章》中原来的解题法进行对比分析。除《九章算术》原有的九卷外，杨辉另外还增加三卷，

朱学兴盛的时期

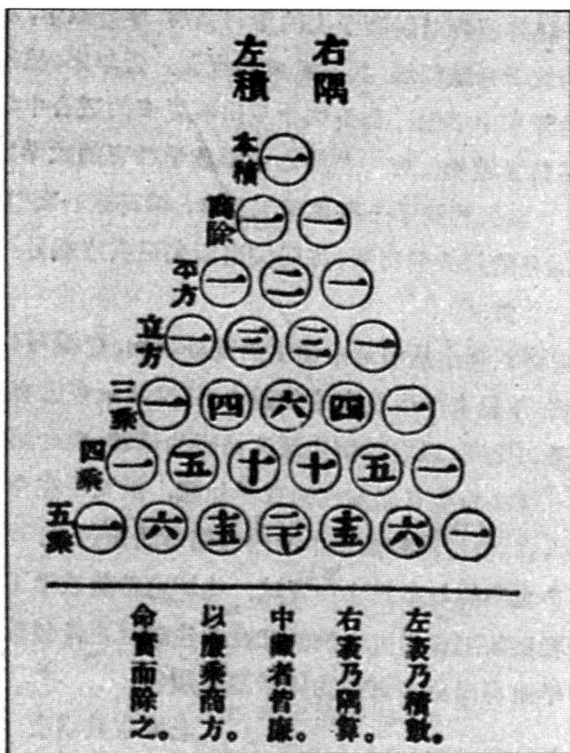

杨辉三角

一卷是图，一卷讲解乘除算法，另一卷则是纂类，前两卷已失传，纂类则是将《九章》中 246 个题目按由浅入深的原则，重新分为乘除、分率、合率、互换、衰分、叠积、叠不足、方程和勾股等九类。《日用算法》已失传。《乘除通变本末》分三卷，上卷讲乘除算法，中卷讲加减、求一和九归诸术，下卷则是对中卷的注解《田亩比类乘除捷法》，上卷是《详解九章算法》中方田章的延展，正卷则是对刘益《议古根源》的介绍和对《五曹算经》的批评。《续古摘奇算法》上卷讲述纵横图，下卷讲述《海岛》，均有较高的数学科研价值。

南宋时，由于商业贸易的发展，实用算术得到很快的发展，杨辉也将他的注意力重点转向计算数学方面。杨辉发明的"乘除捷法"在当时具有很大的实用价值，因为传统的乘、除算法需要分列之后再筹算，相当繁杂，而杨辉则尽量使乘、除运算集中在一个横行里进行，化乘除运算为加减运算，化多位数的乘除运算为一位数的连乘、除。

在《续古摘奇算法》中，杨辉发明了纵横图，即现在所谓的幻方，他画了十三幅纵横图，是中国数学史上第一位对幻方进行系统探讨的数学家。另外，他还发展了沈括的"隙积术"，创立"堆积术"，即现在的高阶等差级数。

杨辉不但是一位注重科研的数学家，还是一位优秀的数学教育家，他致力于普及数学知识，编写数学教科书，在《算法通变本末》中，他就为初学者制订"习算纲目"，对学习顺序、时间安排、教材和参

考材料都作了详细的介绍，是一部很完整的数学教学大纲，在学习方法上强调融汇贯通，反对死记硬背，体现了较为先进的教育思想，是中国数学教育史上的一部重要的文献。

杨辉除自己创立数学思想外，还注意在收集古籍的过程中记载前人的数学精髓，如刘益的"正负开方术"、贾宪的"增乘开方法"和"开方作法本源"，这些思想若不是杨辉的记载，恐怕也难以传到今世了。

汪元量作遗民诗

汪元量（1241~1317），字大有，号水云，南宋末诗人、词人，钱塘（今浙江杭州）人。他原为南宋宫廷琴师，南宋亡后，宋恭帝和太后等被俘北去，他随六宫到燕京（今北京）。后来出家做了道士，归老南方。

汪元量亲身体验了"亡国之戚，去国之苦"，写下了很多纪实诗篇。其中最著名的是《醉歌》10首、《越州歌》20首、《湖州歌》98首，其反映时代的深度和广度超过宋代其他遗民叙述亡国的同类诗作。这些诗以七绝联章的形式、纪实的手法，对南宋覆灭、生灵涂炭、六宫北迁的情形作了淋漓尽致的描绘，笔端饱含辛酸沉痛之情。

《醉歌》中谴责了奸臣误国的罪恶："吕将军在守襄阳，十载襄阳铁脊梁；望断援兵无信息，声声骂杀贾平章。"《越州歌》中描述了元兵铁蹄蹂躏半壁河山时的残酷："一阵西风满地烟，千军万马浙江边。官司把断西兴渡，要夺渔船作战船。"《湖州歌》更是从南宋小朝廷投降被俘写起，记述了"杭州万里到幽州"的所历所感，所见所闻："一掬吴山在眼中，楼台累累间青红。锦帆后夜烟江上，手抱琵琶忆故宫。"抒发了去国离乡的凄怆无奈；"太湖风起浪头高，锦柁摇摇坐不牢，靠着蓬窗垂两目，船头船尾烂弓刀"，则是描写身为阶下囚的屈辱和惊惶；"青天淡淡月荒荒，两岸淮田尽战场。宫女不眠开眼坐，更听人唱《哭襄阳》"，反映了人民对统治者昏庸无能的痛恨和国破家亡的悲伤。

汪元量的遗民诗有杜甫的沉郁之风，又融入了他所处的时代所特有的悲愤和苍凉，风格朴素，成为"宋亡诗史"的一部分，诗中记述的史实，往往能弥补史籍的某些缺失。

文天祥作《正气歌》

　　文天祥（1236~1283），字履善，号文山，吉州庐陵（今江西吉安）人，是南宋伟大的民族英雄。他 21 岁中进士第一名，官至右丞相兼枢密史。南宋覆亡前后，他领兵抗元，战败被俘后誓死不屈，在此期间写下了许多慷慨悲壮、浩气凌云的爱国诗篇。

　　文天祥的诗作可以元军攻陷临安（今杭州）划分为前后期。前期作品内容平平；后期诗歌则是他战斗生活和狱中经历的记录，表现了强烈的爱国精神和崇高的民族气节。他诗歌创作中的精华集中在其诗集《指南录》《指南后录》及《吟啸集》中。他在《扬子江》一诗中所写的"臣心一片磁针石，不指南方誓不休"一句，便是他《指南录》题名的意义所在，也是他对宋室忠心耿耿，念念不忘恢复国土的精神写照。他战败被俘后，元军强迫他随船出海追击宋帝，招降宋军，他以《过零丁洋》一诗表明了自己的立场和气节。虽然当时是"山河破碎风飘絮，身世浮沉雨打萍"，但他大义凛然，视死如归："人生自古谁无死，留取丹心照汗青！"这诗句犹如洪钟巨响，荡气回肠！

　　最集中鲜明、强烈地表现文天祥的爱国精神和民族气节、坚强意志的是他作于元大都狱中的《正气歌》。这首诗大致可分为两段：开

朱学兴盛的时期

文天祥像

头写道："天地有正气，杂然赋流形。下则为河岳，上则为日星……"以山河日月这些天地间的永恒之物喻"正气"的万古长存；接下来列举了彪炳史册的 12 位忠臣义士的壮烈事迹："在齐太史简，在晋董狐笔。在秦张良椎，在汉苏武节……或为辽东帽，清操厉冰雪。或为出师表，壮烈泣鬼神……"通过对这些忠肝义胆的历史人物的歌颂，表达了他追步先烈前贤、置个人生死于度外的决心。诗的后半段，主要写他在前人高风亮节的鼓舞下，有精神力量承受牢狱生活中的种种肉体痛苦及考验，抵抗严寒酷暑、疾病侵染。最后再次表达了他学习古代传统美德，坚持正气的个人操守——"顾此耿耿有，仰视浮云白……哲人日已无，典型在夙昔。风檐展书读，古道照颜色。"《正气歌》充满激情，气势磅礴，很少雕饰，从容自然地展示了文天祥崇高的人格。

由《正气歌》可见文天祥诗作多半直抒胸臆，以爱国主义的精神感召力见长。由于这股浩然正气贯穿其间，文天祥的诗虽不甚讲究修辞但仍具有强烈的艺术感染力，千百年来激励了一代又一代爱国志士。

张炎词风追步姜夔

张炎（1248~1320），字叔夏，号玉田，临安（今浙江杭州）人，是宋代最后一位著名词人。他出身贵族世家，祖上是南宋初年的大将张俊。宋亡前，张炎过着悠闲清雅的公子生活；宋亡后，其祖父被元人所杀，家境亦破落。作为一末路王孙，张炎落拓浪游，也曾北上元都，想在新王朝中谋得一官半职，但终究失意南归，在江浙一带漂流，潦倒而终。

张炎著有《山中白云词》（又名《玉田词》）8卷，今存词300余首，以反映个人生活、身世遭遇为主。早年词作多表现湖光山色、风花雪月，是世家子弟的生活写照；经历家国之变后，他在词中主要抒写国破家亡的伤痛和浪迹江湖的凄苦，词风渐变。如〔高阳台〕《西湖春感》写西湖春色，却是满目萧索——"更凄然，万绿西泠，一抹荒烟"；〔绮罗香〕《红叶》写"漫倚新妆，不入洛阳花谱"的红叶，寄寓个人在新朝不得意的感伤；〔甘州〕《记玉关踏雪事清游》在表现自己的心境时夹杂着亡国之痛——"折芦花赠远，零落一身秋。向寻常野桥流水，待招来不是旧沙鸥……"物换星移的巨大变故通过寻常景物隐曲地表现出来。

张炎作词在艺术表现方面早年学周邦彦，又深受姜夔词风影响，注重音律，字炼句琢，语言清畅雅丽，尤长于写景咏物。如［南浦］《春水》先咏湖水，继咏池水，再咏溪水，将春水写得画意盎然，张炎由此得名"张春水"。又如［解连环］《孤雁》借咏失群孤雁，抒写自己国破家亡后无可归依的孤寂和惊恐，寄情幽远，深入人心，张炎因此又被称为"张孤雁"。张炎晚年所作的《词源》是一部有影响的论词专著，在其中总结了自己一生作词的经验和艺术技巧，主张词要意趣高远，雅正合律；注重"词婉于诗"的抒情性；推尊姜夔词意境的"清空"，并总结了作词的艺术技巧。后人同张炎追步姜夔词风而将二人以姜、张并称。

张炎的词对宋末词坛过分追求绵密浓丽而失之晦涩的词风有补偏救弊的作用，对清初浙西派词人影响显著。

刘辰翁继承豪放词

刘辰翁（1232~1297），字会孟，号须溪，庐陵（今江西吉安）人，宋末元初的大词人。理宗景定三年（1262）参加廷试时，他在对策中写下了"忠良残害可伤，风节不竟可撼"之语，指斥权奸贾似道为塞言路而欲杀直臣，得到耿直之名，但触忤了贾似道，被置于进士丙等。后曾任谦溪书院山长和临安府学教授等职，不肯出任史馆和太学的职务。文天祥起兵抗元时，刘辰翁在其江西幕府中短期任职；宋亡后不再出任，隐居著书。

刘辰翁的《须溪词》中，最有价值的是感怀时事、追念故国的爱国词。他经历了宋元易代的巨变，愤恨权奸误国，痛心宋室倾覆，早在南宋亡国之前，他就在词中揭露和批判了朝廷政治的腐败。

恭帝德祐元年，奸臣贾似道表师败绩，刘辰翁相当及时地在［六州歌头］一词中反映了当时这一重大的政治军事事件。他大部分的爱国词写于宋亡之后。这些作品反映了故国之思、亡国之恨，抒发了满腔爱国热忱。［兰陵王］《丙子送春》可谓怀念故国的代表作。词的上篇哀伤地悼惜京城临安的陷落，对南宋的即将灭亡痛心疾首，以"春去也，春去人间无路"表现了心中的绝望；中篇怀念被掳北去的皇室，

以"春去，谁最苦"写出了宗社沦亡的悲哀；下篇充满对故国昔日繁华的眷恋，一句"春去，尚来否"传达了不尽的忧思。词中反复出现的"春去"暗喻南宋王朝的大势已去。

刘辰翁的词虽多写对故国故土的怀念和亡国的悲哀，但与其他南宋遗民的凄凄切切、一派愁苦之音有所不同，其艺术风格有遒劲的一面，呈现出一种英雄失路的悲壮，属于苏、辛一派。如"百年短短兴亡别，与君犹对当时月。当时月，照人烛泪，照人梅发"（［忆秦娥］）；"我狂最喜高歌去，但高歌不是番腔底"（［莺啼序］）；"老来无复味，老来无复泪"（［霜天晓角］）等等，均是感情奔放、自然真挚、具有感人力量的佳句，于沉痛悲苦之中另有一股刚强豪放之气。

刘辰翁词作的另一艺术特色是常常通过对比的句法，以时令时代、景物变迁来寄托亡国之痛和故国之思。他在词中反复写伤春、送春，实际是以"春"象征南宋国事，他多次写元宵、端午、重阳，每每追怀昔日佳节的热闹繁华，感叹今日的凄凉哀败。凡此种种，语意深曲，境界深沉，在一定程度上改变了辛派词人过于直露和散文化的倾向。

刘辰翁是宋末元初爱国思想与民族情绪反映得最为强烈的词人，在继承辛弃疾一派的爱国主义传统和词风方面都较有成就。

宋遗民追忆盛事——《武林旧事》成书

　　《武林旧事》是追忆南宋都城临安城市风貌的著作，共 10 卷，宋末元初周密撰，该书成于元世祖至元二十七年（1290）前。

　　《武林旧事》为作者抱遗民之痛、叹亡国之恨、追忆南宋都城临安昔日繁盛而作。武林即临安，今杭州仍有武林门。作者依据"词贵乎纪实"的精神，对南宋乾道、淳熙年间之朝廷典礼、山川风俗、市肆经纪、四时节物、艺文手工等等情况多所记载，所记多据耳闻目睹和故书杂记，颇为真实。

　　该书为了解南宋城市经济、文化和市民生活以及都城面貌、宫廷礼仪等，提供了较可靠和准确的史料。其中，《诸色伎艺人》和《官本杂剧段数》所载对于研究南宋文学、艺术和戏曲，尤为珍贵。

建窑生产黑瓷

建窑在今福建省建阳县水吉镇，它是宋代著名黑瓷产地，主要生产一种带条状结晶的黑釉茶盏，这种盏里外都有细长的像兔毫毛一样的条状结晶，并闪现银光色，因此，称兔毫盏，是黑瓷中的一种名贵产品。

我国黑釉瓷器和圭釉瓷器一样，都创始于东汉后期，至唐后逐渐流行，而入宋则大盛。这种情形与当时的饮茶风尚联系颇为密切。饮茶在我国开始很早，到了唐代饮茶成为一种地不分南北、人不分老少的普遍风尚。入宋以后更有了"斗茶"，使饮茶具备了一种风雅价值，对茶具也讲究起来，而黑色茶盏因为便于衬托白色茶沫，有利于观察茶色，因而受到斗茶者的喜爱，黑瓷因此而大为盛行，宋代约有三分之一的窑场专烧或兼烧黑瓷。在这些烧制黑瓷的窑场中，吉州窑（江西）的树叶纹、剪纸纹，临汾窑（山西）的油滴釉、羽毛釉、铁绣花，定窑（河北）的黑瓷，鹤壁集窑（河南）的黑瓷等品种，都很受人们喜爱，而建窑的兔毫盏则更是其中的佼佼者。

由于黑瓷主要供饮茶者使用，故黑瓷中盏、碗的产量十分之大。兔毫盏制成后，在宋代还有"玉毫""异毫""兔毛斑"以及"兔褐金丝"等别称。这样的茶具，胎体厚重，黑釉中所含条状结晶体，犹如黑夜银河，非常美丽，确为黑瓷中的珍品。

宋人揩牙

宋代人非常重视口腔卫生，每天早晨或晚上临睡前有用揩齿粉末揩齿的习惯。太宗年间的《太平圣惠方》中记载的揩齿粉配方达9种之多，其中包括朱砂散方、七宝散方、龙脑散方、槐枝散方、桑椹散方、贝齿散方、升麻散方、寒水石散方和龙花蕊散方等。这些牙粉都是用中草药为原料配制而成的，据说长期使用，效果"甚佳"或"甚验"。在南宋时，人们还发明了牙刷。在临安市场上，"诸色杂货"中有一款是"刷牙子"，这就是牙刷。当时在临安金子巷口还开设有"傅官人刷牙铺"，这是宋理宗时很著名的一家店铺，也是世界上第一家专门销售牙刷的商店。

除了揩齿、刷牙之外，人们还主张经常漱口，保持口腔的卫生。杨士瀛认为，暑毒、酒毒常常伏于口齿之间，所以，"临睡洗毕，至于晨兴，灌漱一口"可以去除毒素（《仁直指·齿论》）。苏轼则主张用浓茶漱口，这样便可以使牙齿"坚密，蠹病自已"（《苏轼文集·杂

宋代痰盂

黑釉剔花梅花纹瓶

记·漱茶说》）。这是很有科学道理的。

宋代的口腔医学也得到充分发展，出现了专门的口腔科。牙医不仅治疗牙病，还会镶补牙齿。陆游和楼钥（1197~1213）就都曾写过诗文赞美"以补种坠齿为业"的牙医（陆游：《剑南诗稿·岁晚幽兴》）。

两宋南北饮食系统定局

宋代社会经济取得了长足的发展，使得烹饪技术不断提高和饮食业不断发展，北宋时，南食、北食两大系统已经形成，为以后的中国汉族饮食习俗奠定了基本格局。

南食和北食的差别在于，南食以稻米制品为主食，荤菜主要是猪肉和鱼；北食则以麦面制品为主食，荤菜以羊肉为主。宋神宗时，面粉是宫廷主食的主要原料，"御厨"所用面粉和大米的比例是 2∶1。南方人一般不吃面食，民间开玩笑说："南方人只会把擀面杖用来撑门，吃胡饼（一种表面带芝麻的烧饼）比服药还艰难。"这种饮食习俗到南宋初出现了很大变化。靖康之变以后，北方人大批南迁江、浙、湖、湘、闽、广地区，"西北流寓之人遍满"。由于这些南移的北方人爱吃面食，致使面食的消费量激增，麦价上扬，高宗初年，一石小麦售价达 12 贯铜钱。在这种情况下，南方农民"竞种春稼，极目不减

宋代《春宴图》，表现了宋代饮食文化的特征。

淮北",麦子的种植面积迅速扩大(《鸡肋编》卷上)。

在南宋都城临安府中出现了许多面食店,面食制品甚至比北宋汴京还要丰富。吴自牧的《梦粱录·天晓诸人出市》中记载,临安最热闹的大街上面食店"通宵买卖,交晓不绝",出现了许多"有名相传"的面食店铺。面食品种也比前代增加了许多,汤饼不仅成为煮饼或面片汤,而且主要成为各种面条,东京和临安府的饮食店中有几十种面条供应。宋代的包子一般是带馅的,馒头则一般实心无馅,如果带馅就要在馒头前说明馅的内容,如羊肉馒头、蟹黄馒头等。唐代的馄饨到宋代称为"馄蚀",馄蚀就像今天的饺子或锅贴,东京和临安府的饮食店里,都有"旋切细料馉儿"或"滑蚀瓦铃儿"销售,其中鹌鹑肉馅馉蚀是人们最喜欢的一种面食点心。另外,面食中还有角儿(角儿即糖三角)、春茧、春饼、夹儿(又称夹饼、馉子)、笑靥儿、月饼、汕饼、胡饼、划子、千层儿、铧锣(一种有馅的面食,馅有蟹肉、猪肝、樱桃等,烤熟)、饦饳、弹儿(丸子)等等品种。在米食方面,花色品种更多。干饭就有香子米饭、石髓饭、大骨饭、羊饭、闷饭、铺羊粉饭等;水饭有大小米水饭、羊泡饭、七宝姜粥、五味肉粥、赤豆粥、绿豆粥、腊八粥等(《武林旧事·粥》)。

在宋代的荤菜方面,北宋时北食以羊肉为主,南食以猪肉为主。东京饮食店中有各种羊肉食品,如旋煎羊白肠、批切羊头、虚汁垂丝羊头、乳炊羊肫等,还有专门的熟羊肉铺。连御厨所用羊肉和猪肉的比例也是 100：1。南宋时,羊肉在肉食中依旧保持相当大的比重。临安需要的羊,大都来自江浙等地,羊肉食品中有蒸软羊、

147

鼎蒸羊、羊四软、酒蒸羊、绣吹羊、千里羊等，不胜枚举（《梦粱录·分茶酒店》）。

与羊肉相比，临安城里的猪肉更多，城内外的肉铺不计其数。每家肉铺的肉案上都挂着10多边猪肉，大瓦修义场形成了"肉市"，巷内两街都是屠宰之家，每天宰猪不下数百头。当时许多猪肉店铺还组织起"行"。这些都说明临安居民食用猪肉之多。

可以说，经过一个多世纪南食和北食的融合，到南宋末年，临安的饮食已无严格的南北地区的差异。经过长时间的混居，已经形成"水土既惯，饮食混淆，无南北之分"的格局。

周密继承婉约词

周密（1232~1298），宋元间文学家。字公谨，号草窗，又号萧斋，晚号弁阳老人、弁阳啸翁、四水潜夫，原籍济南，曾祖随高宗过江迁居吴兴（今属浙江）。幼承家教，少以才俊见称，后以祖荫入仕，南宋灭亡前夕任义乌（今属浙江）令。国亡不仕，寓居杭州，以词会友，并以保存故国文献自任。

在宋末词坛上，周密曾与吴文英并称，词风相近，皆属周邦彦注重格律的婉约词派，是宋末格律词派的重要代表。其词作探源于清真（周邦彦），变化于梦窗（吴文英）而自成家数。

周密精通乐律且善自度声腔，对词艺发展有一定的贡献，但其词往往"立意不高，取韵不远"（《宋四家词选·序论》），过于偏重形式而影响了内容的表达。

周密一生著述甚丰，今存诗集《蜡屐集》，词集《频洲渔笛谱》，野史《武林旧事》《癸辛杂识》《齐东野语》《浩然斋雅谈》，词选《绝妙好词》等。

《乐府诗集》结集

从汉到唐五代，乐府歌辞都不断在发展中，到了南宋后期，出现了一本《乐府诗集》，辑录了汉魏到唐五代的乐府歌辞，兼及先秦至唐末歌谣，以及有大量古乐书佚文。此诗集的编者是郭茂倩，南宋后期人，祖籍郓州须城（现山东东平）。

《乐府诗集》共 100 卷，分 12 大类。它所收的诗歌大多是优秀的民歌和文人用乐府旧题所作的诗歌，这使它成为一部成书较早，收集历代各种乐府诗最完备的诗歌总集。

《乐府诗集》的重要贡献是将历代题曲按其曲调收集分类，其中大类又分若干小类，这样使许多分散在各种史书著作中容易被忽视的作品得以汇编成书。它将第一种较早出现的"古辞"和诗放在前面，后人的拟作到手后，使读者了解到后人的诗是受到前人民歌或前代文人的影响。

《乐府诗集》对一些已亡佚但曲调对后人有影响的乐曲作了说明，各类有总序，每曲有题解，对各种曲调、歌辞的起源、性质以及演唱时所使用的乐器等都作了较详细的介绍，是研究五代以前音乐歌曲发展的重要资料。

禹

克勤于邦　烝民乃粒

慮敷在昔　厥中允执

恶酒好言　九功由立

不伐不矜　振古莫及

《夏禹王像》，马麟画。马麟利用线来刻划夏禹慈祥
和蔼的形象和内在性格。

扎马鲁丁作《万年历》

扎马鲁丁著的《万年历》是用太阳历法，还是太阴历法，尚难确指。虽然扎马鲁丁的《万年历》没能长期颁行下去，但是回回天文学机构却不断升级，至元八年（1271）始置回回天文台，至元十七年（1280）置回公司元监，其官阶与司元监相等，这说明回族的天文学知识已达到权威的水平。

扎马鲁丁在至元四年，还在大都（北京）主持制造了七种天文仪器——"西域仪象"，分别是观测太阳运行轨迹的多环仪、观测星球方位仪、观剧日影定春分秋分的斜纬仪、观测日影定冬至夏至的平纬仪、天文图像棋型地球模型地球仪、测量时间的观象仪。这些显示出扎马鲁丁在天文学上的学识和创造，对中国天文学的一大贡献。